［過去問］

2024
白百合学園小学校
入試問題集

JN084600

・問題内容についてはできる限り正確な調査分析をしていますが、入試を実際に受けたお子さんの記憶に
　基づいていますので、多少不明瞭な点はご了承ください。

Shinga-kai

白百合学園小学校

過去10年間の入試問題分析
出題傾向とその対策

2023年傾向

例年は全員が同じ時間に集合していましたが、2021年度以降受験番号順に集合時間が分けられており、今年度も同様でした。考査はペーパーテスト、個別テスト、集団テストが行われ、所要時間は約１時間でした。出題量は例年とほぼ変わらず、すばやい判断力に加え幅広い分野での安定した力が求められました。

傾　向

考査は１日で、ペーパーテスト、個別テスト、集団テストが行われます。ただし2021年度は集団テストが行われませんでした。また、考査日前の指定日時に親子面接が行われます。受験番号は2021年度までは郵送による願書受付順でしたが、2022年度以降はＷｅｂ出願の受付順となりました。また2021年度は30分〜１時間、2022、2023年度は約１時間と短い時間で考査が行われましたが、2020年度以前の所要時間は３〜４時間30分と幅があり、個人により退出時間が違うものの拘束時間は長めの傾向でした。ペーパーテストの内容は、話の記憶、数量、言語、推理・思考、常識など幅広い分野から出題され、いろいろな角度から子どもの力を見ているようです。話の記憶では、問題となるお話は比較的短い傾向にありましたが、近年は長文になっています。その中に記憶するべき事柄が多く入っており、話の冒頭からしっかりと集中して聞くことが大切です。また、カラープリントで出題されるものが多いので、話の記憶や絵の記憶などでは色にもしっかり注意を向けることが必要です。個別テストでは、口頭ではなく音声機器を用いて出題することが特徴です。おはじきやカードなどの具体物を使った課題を始め、手先を使った作業力を見る課題も出題されています。そのほか言語、記憶が頻出課題です。常識や生活習慣の課題も多く、普段の生活の中でお手伝いや自分の身の回りのことをどれだけ行っているかが問われます。ほかには絵画や身体表現、口頭で答える言語など、さまざまな表現力を見る課題も多く出されます。集団テストの自由遊びや行動観察では、用意された折り紙やあやとりで遊んだり、絵本や紙芝居を聴いたりする様子が見られています。2017年度からは小グループによる課題遊びや共同制作、共同絵画が出題される年

も多く、お友達とのかかわり、生活習慣も見られているようです。親子面接では、父親は志望理由や子どもとのかかわり方、母親は子育てで苦労したことや気をつけていること、幼稚園（保育園）での子どもの様子やどのように成長してほしいかなどが多く聞かれています。本人に対しての質問が大変多く、通っている幼稚園（保育園）に関すること、お友達の名前やどのような遊びをしているかなどの質問が多いようです。全体的に質問内容の幅が広いので、どのような質問にも答えられるように準備しておくことが大切です。

対　策

考査は、ペーパーテストだけでなく個別テストでも音声機器を使用した出題方法が特徴です。音声機器を使うことにより公平な考査が行えるだけでなく、テスターの目配りができることにより試験全般への子どもの取り組み方をよく見ることもできます。出題内容を確実に把握するためにも、最初から集中して聞く姿勢と、手早く作業にとりかかる習慣を身につけましょう。ペーパーテストの内容としては話の記憶、数量、推理・思考、言語、常識など領域も幅広く、今まで経験したことのないような出題形式もあるので、柔軟な考え方ができるようにしておきましょう。そのためにはいろいろな問題にあたり、さまざまな言い回しや出題形式に対応できる実践力を身につけることがポイントです。また、問題をじっくり考えて解くことから始めて徐々にスピードを意識していくようにし、解答の最後に見直しをする習慣もつけてください。個別テストでは、おはじきを使った解答方法が取り入れられています。そのほかにも、カードや折り紙などの具体物を使いますので、機敏かつ丁寧に道具を扱えるかどうかも重要なポイントになります。具体物を使っての解答は、なぜそうなったのか、そう思ったのかなど、理由を言葉で表現する機会をご家庭では持たせてください。考えをはっきりさせた上で自信を持っておはじきなどを置けるようにしましょう。絵画や身体表現など、個性や表現意欲を見られる課題も出されています。子どもらしい明るさや伸びやかさ、また、けじめのある態度も大切です。集団テストの集団遊びでは社会性や協調性、自主性などが見られますので、どのようなお友達とも楽しく過ごせることが理想ですが、状況を見て自分が何をするべきか判断できる自立心を養うことも心掛けましょう。在校生とかかわる場もあるので、ご家庭以外の場でも異なる年齢の子どもと遊んだり、活動したりする機会を設け、自分の気持ちをしっかり伝えることができるようにしておくことも大切です。白百合学園小学校は生活習慣、行儀のチェックがかなり厳しいと見るべきです。また2021年度以降はコロナウイルス対策のためか短時間で行われていますが、それまでは考査時間も長く、集中力と持続力が必要とされる考査が行われていました。どのような場でも身につけておいてほしいあいさつやものの扱い方などは、日常の中できちんと押さえておきましょう。面接では、ご両親が家庭教育の方針をしっかりまとめておくことはもちろん、本人が自信を持って誠実に話せるようにご家庭での日々の会話も大切にしていきましょう。

年度別入試問題分析表

【白百合学園小学校】

	2023	2022	2021	2020	2019	2018	2017	2016	2015	2014
ペーパーテスト										
話	○	○	○	○	○	○	○	○	○	○
数量	○	○	○	○	○	○	○	○	○	
観察力		○	○	○				○	○	○
言語	○	○	○	○	○	○	○	○	○	
推理・思考	○	○	○	○	○	○			○	○
構成力				○				○	○	○
記憶	○			○						○
常識	○	○	○	○	○		○	○	○	○
位置・置換		○								○
模写				○	○			○		
巧緻性										
絵画・表現										
系列完成				○				○		
個別テスト										
話	○	○								
数量										○
観察力				○		○				
言語	○	○	○	○	○	○	○	○	○	○
推理・思考			○					○	○	○
構成力						○	○			
記憶		○	○	○	○	○	○	○	○	○
常識	○		○	○	○	○	○	○	○	○
位置・置換	○	○			○			○		
巧緻性	○	○	○		○					
絵画・表現	○	○						○		
指示行動							○	○	○	○
制作					○				○	
身体表現						○			○	
生活習慣	○	○		○			○	○		○
集団テスト										
話										
観察力										
言語										
常識										
巧緻性										
絵画・表現					○					
制作						○				
行動観察	○	○		○	○	○	○	○	○	○
課題・自由遊び				○	○	○	○	○	○	○
運動・ゲーム	○									
生活習慣										
運動テスト										
基礎運動										
指示行動										
模倣体操										
リズム運動										
ボール運動										
跳躍運動										
バランス運動										
連続運動										
面接										
親子面接	○	○	○	○	○	○	○	○	○	○
保護者(両親)面接										
本人面接										

※伸芽会教育研究所調査データ

小学校受験Check Sheet

　お子さんの受験を控えて、何かと不安を抱える保護者も多いかと思います。受験対策はしっかりやっていても、すべてをクリアしているとは思えないのが実状ではないでしょうか。そこで、このチェックシートをご用意しました。1つずつチェックをしながら、受験に向かっていってください。

✳ ペーパーテスト編

①お子さんは長い時間座っていることができますか。

②お子さんは長い話を根気よく聞くことができますか。

③お子さんはスムーズにプリントをめくったり、印をつけたりできますか。

④お子さんは机の上を散らかさずに作業ができますか。

✳ 個別テスト編

①お子さんは長時間立っていることができますか。

②お子さんはハキハキと大きい声で話せますか。

③お子さんは初対面の大人と話せますか。

④お子さんは自信を持ってテキパキと作業ができますか。

✳ 絵画、制作編

①お子さんは絵を描くのが好きですか。

②お家にお子さんの絵を飾っていますか。

③お子さんははさみやセロハンテープなどを使いこなせますか。

④お子さんはお家で空き箱や牛乳パックなどで制作をしたことがありますか。

✳ 行動観察編

①お子さんは初めて会ったお友達と話せますか。

②お子さんは集団の中でほかの子とかかわって遊べますか。

③お子さんは何もおもちゃがない状況で遊べますか。

④お子さんは順番を守れますか。

✳ 運動テスト編

①お子さんは運動をするときに意欲的ですか。

②お子さんは長い距離を歩いたことがありますか。

③お子さんはリズム感がありますか。

④お子さんはボール遊びが好きですか。

✳ 面接対策・子ども編

①お子さんは、ある程度の時間、きちんと座っていられますか。

②お子さんは返事が素直にできますか。

③お子さんはお父さま、お母さまと3人で行動することに慣れていますか。

④お子さんは単語でなく、文で話せますか。

✳ 面接対策・保護者（両親）編

①最近、ご家族での楽しい思い出がありますか。

②ご両親の教育方針は一致していますか。

③お父さまは、お子さんのお家での生活や幼稚園・保育園での生活をどれくらいご存じですか。

④最近タイムリーな話題、または昨今の子どもを取り巻く環境についてご両親で話をしていますか。

2023 白百合学園小学校入試問題

■ 選抜方法

考査は1日で、決められた受験番号順に約6人単位でペーパーテスト、個別テスト、集団テストを行う。所要時間は約1時間。考査日前の指定日時に親子面接がある。

┃ ペーパーテスト ┃ 筆記用具は青のクーピーペンを使用し、訂正方法は×(バツ印)。出題方法は音声。

1 常 識

動物たちがお話をしています。

ブタが言いました。「1週間は7日あるんだよ」

ネコが言いました。「金曜日の次は日曜日だよ」

ウサギが言いました。「大みそかの次はクリスマスだよ」

クマが言いました。「リンドウは秋に咲いて、シクラメンは冬に咲くんだよ」

・正しいことを言っている動物に○、間違ったことを言っている動物に△をつけましょう。

2 絵の記憶・数量

A
・公園の様子が描いてありますね。よく見てください。(約15秒見せる)1枚めくりましょう。

B
・先ほど見た公園にあったもの全部に○をつけましょう。

・公園にはすべり台もありましたね。すべり台には何人の子どもが並んでいましたか。その数だけ、マス目に1つずつ○をかきましょう。

3 数 量

・それぞれの段で、左の部屋にあるものと右の部屋にあるものの数はいくつ違いますか。違う数だけ、真ん中のマス目に1つずつ○をかきましょう。

4 数量（マジックボックス）

・上の2段がお約束です。絵のように、左のリンゴがそれぞれのお家を通ると数が増えたり減ったりします。では、下の3段です。左のリンゴが矢印の順番にお家を通ると、最後はいくつになりますか。その数だけ、右側のマス目に1つずつ○をかきましょう。

5 言語（しりとり）

・それぞれの四角の中の絵をしりとりで全部つなげたとき、3番目になるものに○をつけましょう。

6 言　語

・上の四角を見ましょう。「肩」は反対から言うと「タカ」になりますね。このように、反対から言うと違うものの名前になるものを、下の四角から選んで○をつけましょう。

7 推理・思考（重ね図形）

・左のお手本は透き通った紙にかいてあります。このお手本を、真ん中の点線のところで矢印の向きにパタンと折って重ねると、どのようになりますか。右から正しいものを選んで○をつけましょう。

8 話の記憶・数量

「森の中に3階建てのお家がありました。そこには魔法使いの家族が住んでいました。チッチという名前の女の子と、お母さんとおばあさんが仲よく暮らしていました。チッチは髪を三つ編みにして、赤いTシャツに黄色のスカートをはいています。お母さんは長くてパーマがかかったフワフワの髪をしていて、おばあさんは頭の上で髪を1つにまとめたおだんご頭です。魔法使いの世界では、大人になると紫のTシャツに黒いスカートをはくことができます。とても魔法使いらしく見えるので、チッチはいつも『早く大人になりたいな』と思っていました。ある日、お母さんが病気やけががすぐに治る薬を作ろうと材料を探していました。ヒマワリのお花は庭に咲いていてすぐに用意できるのですが、どんな病気にもよくきく虹色のお花がありません。そこでチッチとお母さんとおばあさんは、虹色のお花を探しに行くことにしました。3人が出かける準備を整えたところで、ペットのカラスがチッチの肩に止まりました。いざ出発です。3人はほうきに乗り、飛び立ちました。空を飛んでいくと『痛いよ、痛いよ』とクマの声が聞こえてきます。どうやら歯が痛くて困っているようです。そこでチッチは、ヒマワリのお花からお母さんが作ったお薬をあげました。クマはみるみる元気になりました。安心した3人はまたほうきに乗って空に舞い上がりました。すると川を過ぎたあたりで『痛いよ、痛いよ』と泣き声がします。泣き声の方に下りていくと、サルとウマがいて具合が悪そうにしています。『だいじょうぶ？』とチッチが聞くと、サルは『腰が痛くて動けないよ』と腰に手を当ててつらそうにうずくまり、ウマも『せきがたくさん出て喉が痛いの』とゴホゴホとせきをしています。チッチがサルとウマにヒマワリのお花のお薬をあげると、どちらもすぐに元気になりました。また3人は空に向かい、森を進んでいくと、今度は『助けて、助けて』と声がします。3人は、ライオンがおりに閉じ込められているのを見つ

けました。『悪い魔女に捕まっておりに入れられたんだ』と言うので、おばあさんが魔法でライオンをおりから出してあげました。助けてもらったライオンは『ありがとう』と言って、お礼に虹色のお花をおばあさんに３本、お母さんとチッチには２本ずつくれました。ライオンの手には１本だけお花が残りました。３人は『わあ、ありがとう！　ちょうど虹色のお花を探していたところだったのよ』と、ライオンにお礼を言いました。さあこれで、何にでもよくきくお薬ができそうです。３人は張り切ってお家に帰りました。これからも森のみんなが元気に過ごせるように、お薬作りを頑張ろうと３人は思いました」

・お話に出てきたチッチに○をつけましょう。

・チッチのお母さんに○をつけましょう。

・チッチのおばあさんに○をつけましょう。

・お話に出てきた動物たちはどうして困っていたのですか。合うもの同士、点と点を線で結びましょう。

・チッチが飼っている鳥に○、飛べない鳥に△をつけましょう。

・おばあさんがライオンからもらったお花は何本ですか。その数だけ○をかきましょう。

・チッチとお母さんがもらったお花を合わせると全部で何本ですか。その数だけ○をかきましょう。

・最初にライオンが持っていたお花は何本でしたか。その数だけ○をかきましょう。

・このお話の季節の１つ前の季節と仲よしの絵に○をつけましょう。

▌個別テスト ▌ 2人1組で入室し、1人ずつテスターと課題を行う。出題は音声。

9 言語・表現力

・おじいさん、おばあさん、お父さん、お母さんの４つのペープサートの中から２つを選びましょう。その２人に、好きなようにお話しさせてください。いつもお家でお話ししているように、またその人たちの気持ちになってやりましょう。

10 言語・常識

・この中で仲間ではないものにおはじきを置いてください。仲間ではない理由をお話ししましょう。（解答後に「今度は違うものを選びましょう」と言われて、２通り答える）

11 お話作り

・２枚の絵の間にどのようなことがあったか考えて、左の絵から右の絵になるようにお話を作りましょう。

12 模　写

・上のお手本と同じになるように、全部の形に線をかき足しましょう。

13 置　換

赤いボタンと青いボタンの描かれた絵を見せられた後、絵のそばに赤と青のおはじきが3つずつ置かれる。

・赤いボタンを押すとプップーとラッパの音が鳴り、青いボタンを押すとタンタンと太鼓の音が鳴ります。今から流れる音を聞いて、どのような順番でボタンを押したのかわかるように、ボタンと同じ色のおはじきを下のマス目に1つずつ置きましょう。ただし、おはじきは音を全部聞き終わってから、左から順に置いてください。（プップー、タンタン、タンタン、プップー、タンタン、プップーなどと鳴る）

14 巧緻性

四角と丸がかかれた台紙が用意されている。
・黒い線に沿って形を指でちぎりましょう。

🔲 生活習慣

床にシートが敷かれ、机の上にお手本の写真（たたんだポロシャツが写っている）、ポロシャツ、ジッパーつきビニール袋が用意されている。

・靴を脱いでシートに上がってください。机の上のポロシャツをお手本の写真のようにたたみ、ジッパーつきビニール袋に入れてジッパーを閉めましょう。

集団テスト

🔲 行動観察・身体表現

「ぴよぴよちゃん」の音楽に合わせて「あんなこと、こんなことできますか」のまねっこ遊びをする。初めはモニターに映るテスター2人が行う様子をまねて踊る。その後でグループでお手本になる人を相談して決め、お手本の人と同じように体を動かす。

親子面接 ｜ 入室前にマスクを外すよう指示がある。回答により質問が発展する。

本　人

・お名前を教えてください。

2023
2022
2021
2020
2019
2018
2017
2016
2015
2014

・幼稚園（保育園）の名前とクラスの名前を教えてください。ほかにはどのようなクラスがありますか。

・担任の先生の名前も教えてください。担任の先生はどのような先生ですか。

・お友達の名前を何人か教えてください。お友達とは何をして遊びますか。外ではどのようなことをして遊びますか。

・お父さんとは何をして遊びますか。お母さんとは何をして遊びますか。

・お家ではどんなお手伝いをしますか。気をつけていることはありますか。

・お父さんやお母さんのすごいところを教えてください。

・今頑張っていることは何ですか。

・夏休みに何をしましたか。

・好きな本は何ですか。

・将来の夢は何ですか。

・宝物は何ですか。

父　親

・カトリック教育について、どのようにお考えですか。

・今日のお子さんの回答を聞いて、どのように思われましたか。

・数ある学校の中で本校を選ばれた理由を教えてください。

・本校にお子さんを通わせたいと思われたのは、どのようなことからですか。

・本校を知ったきっかけは何ですか。

・女子校についてどのように思われますか。

・家事や子育ての分担はどのようにされていますか。

母　親

・カトリック教育について、どのようにお考えですか。

・子育てで苦労したことはどのようなことですか。

・今日のお子さんの回答を聞いて、どのように思われましたか。

・いつごろから受験を考え、どのような準備をされましたか。

・幼稚園（保育園）ではどのようなお子さんだと言われていますか。

・コロナウイルス対策として、どのようなことに気をつけて過ごされましたか。

・お仕事をされていますが、子育てを助けてくれる方はいらっしゃいますか。

1

2−A

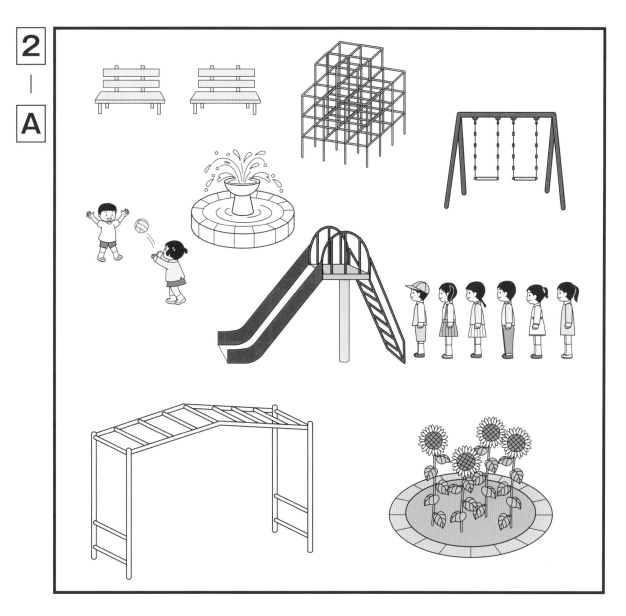

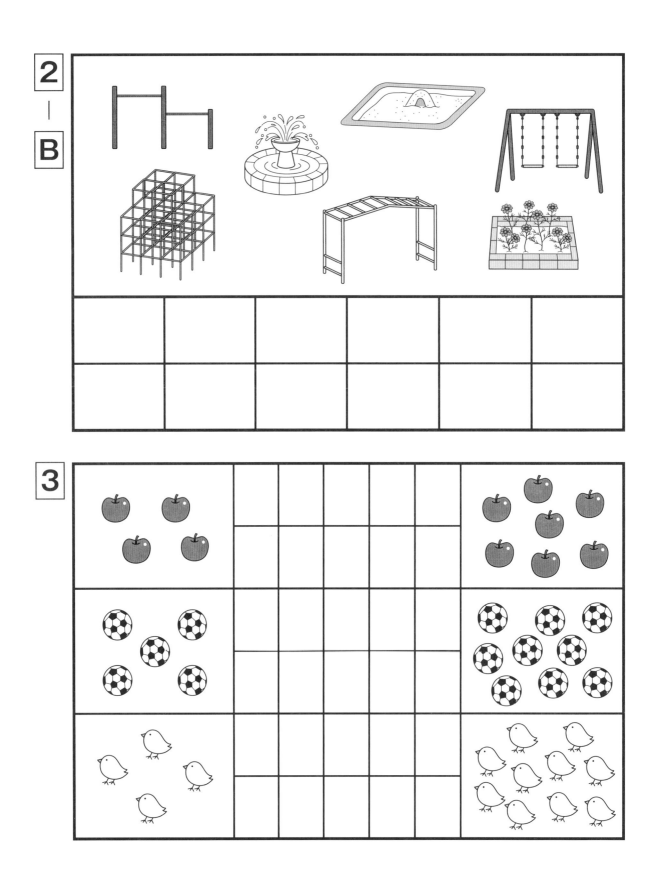

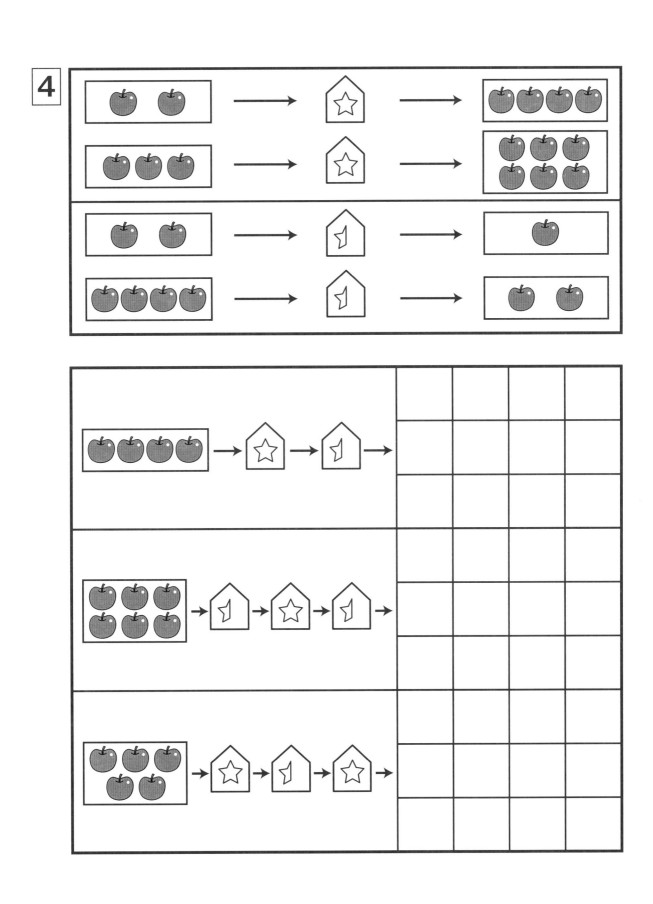

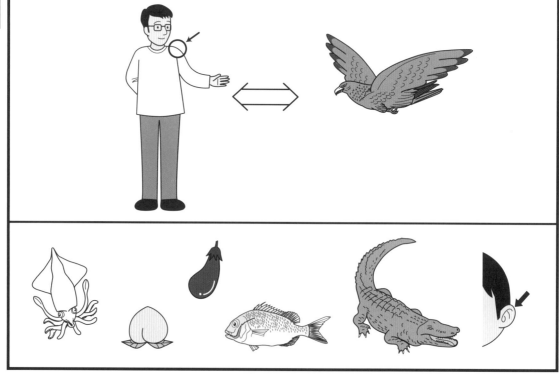

7

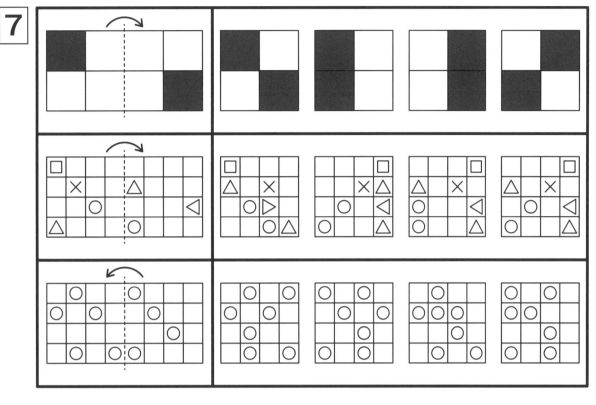

8

9

10

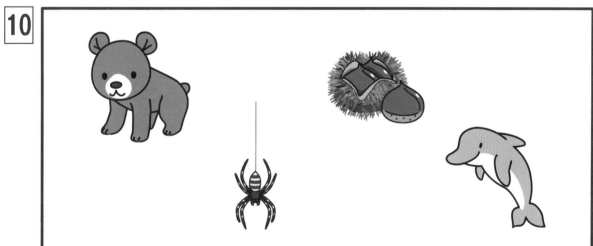

11

12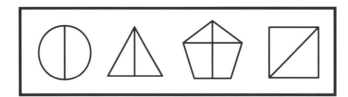

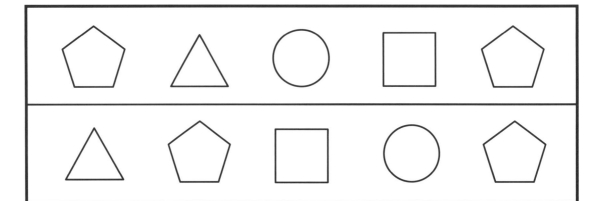

13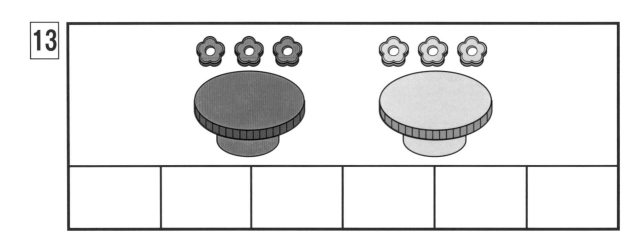

14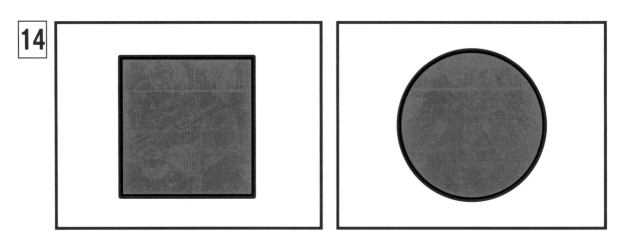

2022 白百合学園小学校入試問題

■ 選抜方法

考査は1日で、決められた受験番号順に約6人単位でペーパーテスト、個別テスト、集団テストを行う。所要時間は約1時間。考査日前の指定日時に親子面接がある。

┃ ペーパーテスト ┃ 筆記用具は青のクーピーペンを使用し、訂正方法は×(バツ印)。出題方法は音声。

1 話の記憶

「お父さんが仕事から帰るころ、突然雨が降ってきました。するとお父さんから、『雨が降ってきたから、駅まで傘を持ってきてくれないか』とお家に電話がありました。お家には赤ちゃんがいて、お母さんが行くのは大変です。そこでゆりこさんは弟と一緒に、お父さんに傘を届けることにしました。ゆりこさんはオレンジ色の傘をさしてお父さんの緑の傘を持ち、弟は黄色い傘をさして出かけます。お家を出るとすぐに、近所のおじいさんがあわてて洗濯物を取りこんでいるのが見えました。クレープ屋さんの前を通ると、茶色の帽子をかぶった男の人がクレープを食べながらお店から出てくるのが見えました。『おいしそうだね』と、2人は顔を見合わせて笑いました。さらに歩いていくと、着物を着たおばあさんがポストにお手紙を入れていました。『きょうだい仲よくどこに行くの?』とおばあさんに声をかけられて、ゆりこさんは『お父さんに傘を届けに行くの』と元気に答えました。『そう、えらいわね』とおばあさんに言われて、ゆりこさんはうれしい気持ちになりました。またしばらく行くと、ゆりこさんと弟がいつも遊んでいる公園までやって来ました。公園の池にかかった橋を渡っていると、池にはカモが3羽泳いでいます。弟が『気持ちよさそうに泳いでいるね』と言って見ていると、そこへカモが4羽飛んできました。弟が『池に餌があるのかな?』と夢中になっているので、ゆりこさんは『早く行こうよ』と言って弟の手を引っ張りました。急に引っ張ったので、弟は転んで足を擦りむいてしまいました。ゆりこさんが『ごめんね』と謝ると、弟は『大丈夫。お父さんをお迎えに行かなくちゃね』と言って、また歩き出しました。橋を渡ったところで、イヌの散歩をしている近所のお姉さんが急いで帰っていくのが見えました。やっと駅に着くと、近くのお花屋さんからちょうどお花を買って出てきたお父さんに会えました。『お父さん、遅くなってごめんね』と言って傘を渡すと、お父さんは『2人で来たの? ありがとう、助かったよ』と喜んでくれました。それから八百屋さんで、ゆりこさんの好きなサツマイモと、お母さんの好きなブドウを買いました。『お母さん、きっと喜ぶね』とゆりこさんは言いました。そして、弟がけがをしたことをお父さんに話すと、お父さんは『帰り道に薬屋さんがある

から寄っていこうね』と言って、ほかにマスクとばんそうこうも買うことにしました。気づくと雨はやんでいて、きれいな夕焼け空になっていました」

・お話の中の、最初の天気の様子に○、最後の天気に様子に△をつけましょう。
・ゆりこさんの家族は何人家族ですか。その数だけ、マス目に１つずつ○をかきましょう。
・池で見たカモは全部で何羽でしたか。その数だけ、マス目に１つずつ○をかきましょう。
・ゆりこさんの傘の色と同じ色のものに○、お父さんの傘の色と同じ色のものに△をつけましょう。
・お話に出てきた人と仲よしのものや関係のあるものを見つけて、点と点を線で結びましょう。
・このお話の季節はいつですか。その季節と仲よしの絵に○をつけましょう。

2 数　量

・一番上の四角を見ましょう。女の子、お父さん、お母さん、おじいさん、おばあさんは、それぞれ顔の横に描いてあるだけリンゴとミカンを持っています。では、その下を見てください。マス目の上の人たちが持っているリンゴとミカンを合わせると、それぞれいくつになりますか。その数だけ、リンゴとミカンの横のマス目に１つずつ○をかきましょう。

3 観察力

・木のある方に進んでいる車に○をつけましょう。

4 言　語

・上の段です。名前の音の数だけ、すぐ下にマス目があります。左の太い線の四角を見てください。クマは名前が２つの音でできていますから、すぐ下にマス目が２つありますね。マス目の左から順に名前の音を入れたとき、「マ」の音が入るところに○をかきます。「マ」の音は名前の２番目の音ですから、左から２番目のマス目に○がかかれていますね。では同じように右の２つも、名前の音を左から順に入れたときに「マ」の音が入るマス目に○をかきましょう。上の段だけやりましょう。
・下の段です。先ほどと同じで、今度は「シ」の音が入るマス目に○をかきましょう。

5 言　語

・上の四角を見ましょう。「チョキ」を２回続けて言うと「チョキチョキ」となり、右のようにはさみで紙を切る様子を表す言葉になりますね。では、下の絵を見てください。同じように、ある音を２回くり返して言っていて、それが何かの動きや様子を表す絵になっていると思うものに○をつけましょう。

6 常識（注意力）

- （ミーンミーンとセミの鳴き声が聞こえる）今の音と仲よしの季節の絵に○をつけましょう。
- （ザブーンという波の音が聞こえる）何の音でしょう。合う絵に○をつけましょう。
- （陽気な音楽が流れる）今の曲を聴くと、どのような顔になると思いますか。合うと思う絵に○をつけましょう。

7 推理・思考（ひも）

- 四角の中のひもをバツ印のところで切ると、何本になりますか。その数だけ、すぐ下のマス目に1つずつ○をかきましょう。

8 推理・思考（重ね図形）

- 左端の絵は、透き通った紙にかいてあります。真ん中の点線のところで左から右に折ってピッタリ重ねると、どのようになりますか。正しいものを右側から選んで○をつけましょう。

9 推理・思考（比較）

- 左端がお手本です。右側の4つの形のうち、黒いところを合わせた大きさがお手本の黒いところを合わせた大きさと同じになるものはどれですか。その形に○をつけましょう。

10 位置の移動

- 左上の太い線の四角を見ましょう。上に並んだ矢印の向きの通りに、ウサギが1つずつマス目を進みます。進むときはマス目の真ん中にある黒い点を通るように線を引いていき、最後のマス目に着いたら真ん中の黒い点を囲むように○をかきます。では、それぞれの動物が上に並んだ矢印の向きの通りに1つずつマス目を進むと、最後にどのマス目に着きますか。同じように線を引き、最後に着いたマス目に○をかきましょう。

個別テスト

11 位置・記憶

果物の絵カードが用意されている。右の絵を隠して左の絵を見せる。その後左の絵を隠し、右の絵を見せる。

- 今見た絵と同じになるように、果物のカードを置きましょう。

12 言語・表現力

左の絵を見せられる。

・青いドアを開けたら、女の子がニッコリ笑っていました。どうしてだと思いますか。先生にだけ聞こえるように、小さい声でお話ししてください。

右の絵を見せられる。

・赤いドアを開けたら、女の子が驚きました。どうしてだと思いますか。先生にだけ聞こえるように、小さい声でお話ししてください。

13 言　語

用意された8枚の絵カードの中から1枚を引き、描かれている絵を見る。

・今引いたカードには、どんな子が描かれていますか。先生にわかるように説明してください。（説明した後、テスターが絵カードと同じ絵が描かれた台紙の中から該当するものを選んで「これですか?」と指でさす）

14 絵画（創造画）・お話作り

・かいてある形を使って、絵を描きましょう。描いたものが出てくるお話を作って聞かせてください。

🔲 巧緻性

5色のひもが1本ずつ、計5本用意されている。

・できるだけ長くなるように、5本のひもをつなげましょう。

🔲 生活習慣

机の上に、トレー、紙製のランチョンマット、お茶わん、おわん、紙製の焼き魚がのったお皿、おはしなどが用意されている。

・お食事の用意をしてもらいます。あなたなら、トレーの上にどのように置きますか。やってみてください。

サイコロ形のスポンジ（大、小）がのったお皿が追加される。

・このスポンジを全部、おはしでお茶わんに移してください。

集団テスト

🔲 行動観察・指示行動

床の上にフープが6つ、1列に並べて置かれている。

・背の高さの順になるように、フープの中に1人ずつ入って並びましょう。

🔲 行動観察・身体表現

「おしえて」の曲に合わせて2人1組で踊るお手本をプロジェクターで見る。お手本をまねて楽しく踊る。相手を変えて、くり返す。

▍ 親 子 面 接 ▍ 本人のみマスクを外すよう指示がある。回答により質問が発展する。

本 人

・お名前を教えてください。

・幼稚園（保育園）の名前とクラスの名前を教えてください。担任の先生の名前を教えてください。

・担任の先生は、どんな先生ですか。

・お友達何人かの名前を教えてください。お友達とは何をして遊びますか。外ではどんなことをして遊びますか。

・幼稚園（保育園）では、みんなで仲よく遊ぶための決まり事やお約束がありますか。

・コロナウイルスのことは知っていますか。コロナウイルスにかからないように、どのようなことに気をつけていますか。

・今、頑張っていることは何ですか。

・お父さんとは何をして遊びますか。お母さんとは何をして遊びますか。

・お手伝いはしますか。どんなことをしますか。そのときに気をつけていることはありますか。

・これからできるようになりたいお手伝いは何ですか。

・小学校に入ったら、どんなことをしてみたいですか。

・家族での思い出を教えてください。

・好きな本は何ですか。

・将来の夢は何ですか。

・宝物は何ですか。

父 親

・カトリック教育について、どのようにお考えですか。

・今日のお子さんの回答を聞いて、どのように思われましたか。

・お子さんの特徴がわかるような、よいところを教えてください。

・数ある学校の中で、本校を選ばれた理由を教えてください。

・本校を知ったきっかけを教えてください。

・本校にお子さんを通わせたいと思われたのは、どのようなことからですか。

・男性であるお父さまから見た本校のイメージを教えてください。

・コロナウイルス感染症が流行している中で、お仕事の状況はいかがでしたか。大変ではなかったですか。お仕事に変化はありましたか。

・コロナウイルス対策でとても大変な時期があったと思いますが、ご家庭ではどのようにされていましたか。

母　親

・今日のお子さんの様子を見て、どのように思われますか。

・お子さんは、幼稚園（保育園）ではどのようなお子さんだと言われていますか。

・お子さんは本校に来たことがありますか。

・お子さんのよいところを教えてください。

・お子さんはどのようなお子さんですか。

・お子さんが学校でのトラブルにより泣いて帰ってきたら、どのようになさいますか。

・女の子らしさについて、お子さんにどのように教えていますか。

・お仕事をされていますが、サポートしてくれる方はいらっしゃいますか。

・コロナウイルス対策として、どのようなことに気をつけて過ごされましたか。

1

1

2

   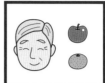 

🍎									
🍊									

🍎									
🍊									

🍎									
🍊									

3

4

5

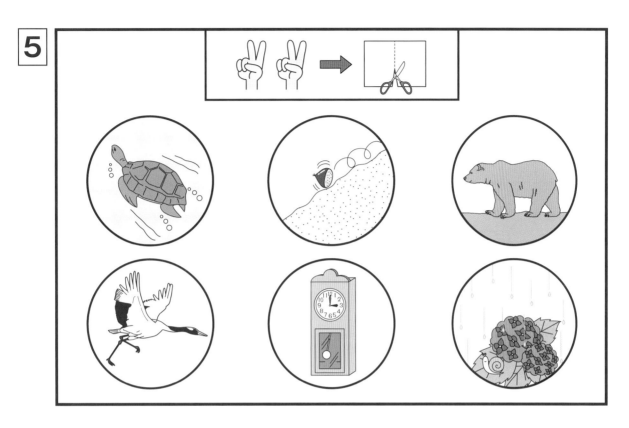

6

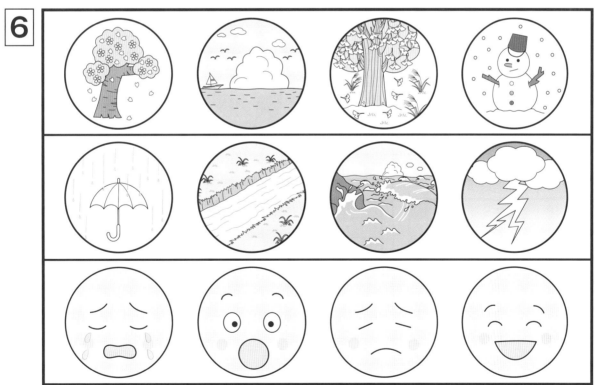

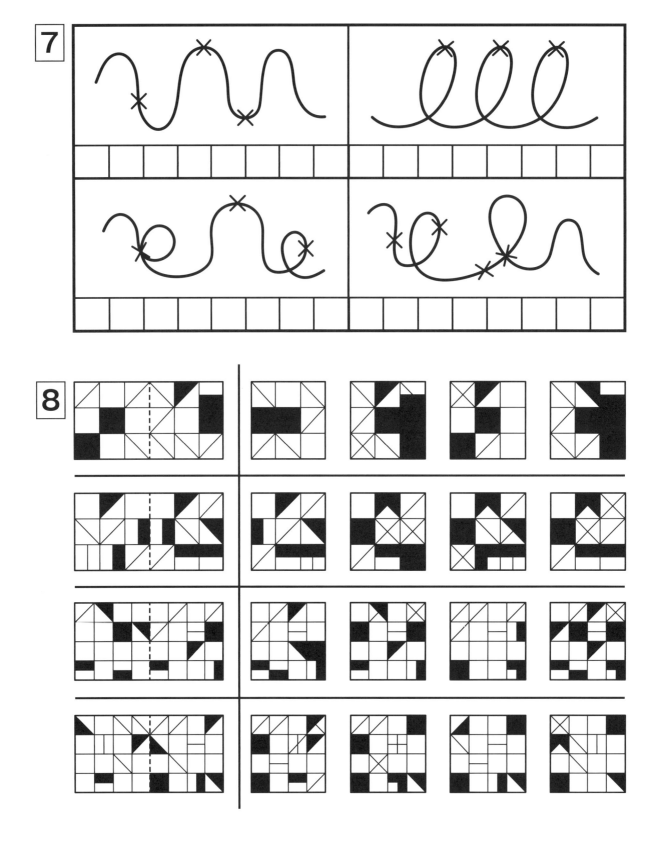

9

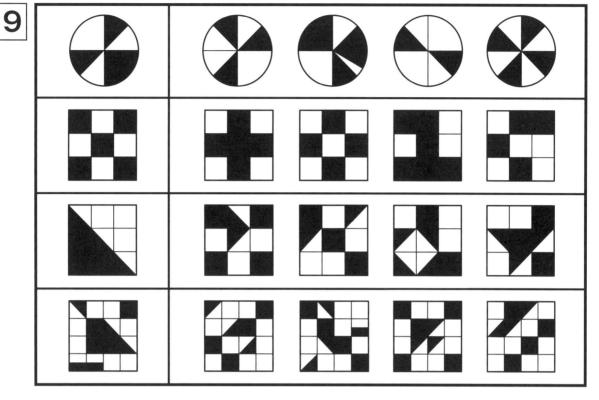

10

例題

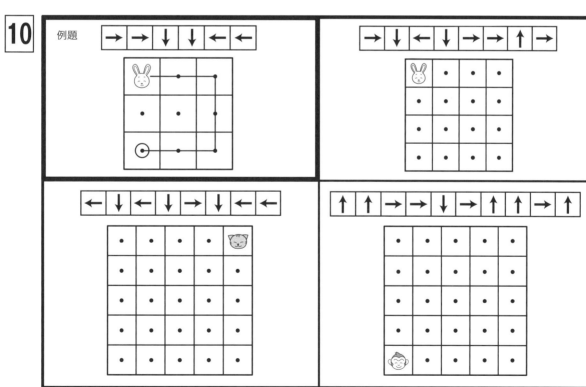

11

(watermelon)	(apple)	(orange)
(grapes)	(strawberry)	(pear)
(melon)	(bananas)	(cherries)

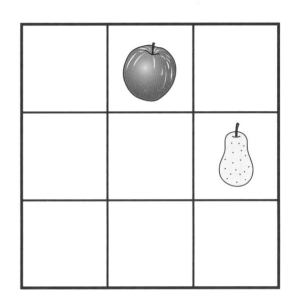

12

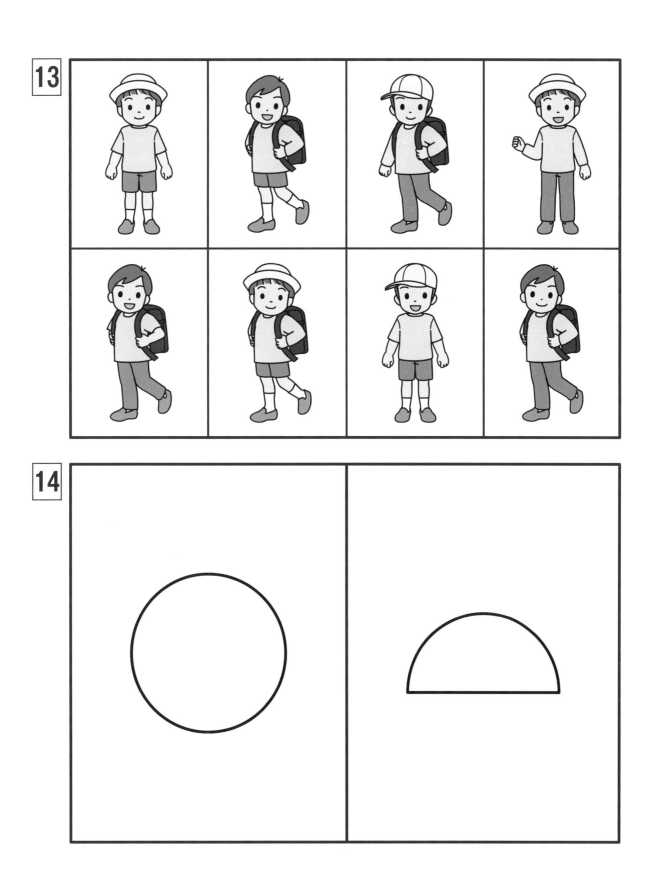

section
2021 白百合学園小学校入試問題

■ 選抜方法

考査は1日で、決められた受験番号順に約6人単位でペーパーテスト、個別テストを行う。所要時間は30分～1時間。考査日前の指定日時に親子面接がある。

┃ ペーパーテスト ┃ 筆記用具は青のクーピーペンを使用し、訂正方法は×（バツ印）。出題方法は音声。

1 話の記憶

「今日はゆりこさんの5歳のお誕生日です。おじいさん、おばあさんも一緒にお祝いしてくれるというので、みんなでパーティーをすることになりました。まず、みんなでお部屋の飾りつけをします。三角の旗をたくさん作り、ひもでお部屋につるしてきれいに飾りました。赤や黄色の風船を用意し、テーブルにはガラスの花びんに黄色い菜の花を飾りました。それからいよいよパーティーです。みんなでお母さんの作ったおいしいお料理をいただいた後、イチゴの載った大きなケーキを切り分けました。切り分けたどのケーキにもイチゴが3個ずつ載っていて、お誕生日のゆりこさんにはチョコレートも載っています。チョコレートが大好きな弟が『お姉ちゃんのケーキ、チョコレートが載っていていいな』とうらやましそうに言ったので、ゆりこさんは『半分あげるね』と言ってチョコレートを半分に分け、弟のケーキのお皿に載せてあげました。すると弟は『お姉ちゃん、僕のイチゴを1つどうぞ』と言って、お礼にイチゴをケーキに載せてくれました。ゆりこさんはお誕生日プレゼントに、お父さんとお母さんからは水色の自転車、おじいさんとおばあさんからはゆりこさんと同じくらいの大きさのクマのぬいぐるみをもらいました。弟は、ゆりこさんの似顔絵を描いてくれて、お兄さんはよく飛ぶ紙飛行機を折ってプレゼントしてくれました。みんなからお祝いしてもらい、ゆりこさんはとてもうれしそうです。ケーキを食べた後で、お兄さんに教わりながらみんなで紙飛行機を折り、誰が一番遠くまで飛ばせるか競争しました。ゆりこさんが飛ばすと、ちょうど10歩分飛びました。お父さんの紙飛行機は最初に10歩分向こうに飛びましたが、その後向きを変えて4歩分戻ってきてしまいました。お兄さんは8歩分、弟は5歩分飛ばすことができました。その後は、みんなでゆりこさんが生まれたころの写真をアルバムで見ました。お母さんは、『ゆりこもこんなに大きなお姉さんになって。小さいころは、波の音にも驚いて泣いていたのに』と言って、うれし涙を流しながら写真を見ていました。パーティーの間、お父さんやおじいさん、お兄さんが交代でカメラマンになって、みんなでたくさん写真を撮りました。アルバムの写真がまた増えそうですね」

・ゆりこさんは何歳のお誕生日でしたか。その数だけ、ゆりこさんの顔の横の四角に○を
　かきましょう。

・ゆりこさんのお誕生日をお祝いしてくれた人は何人でしたか。その数だけ、お家の横の
　四角に○をかきましょう。

・ゆりこさんが食べたケーキに○、弟が食べたケーキに△をつけましょう。

・左側にゆりこさんの家族の絵、右側に飛んだ長さが足跡で描いてある紙飛行機の絵があ
　ります。みんなで紙飛行機を飛ばしたとき、それぞれどのくらい飛びましたか。左側の
　人が飛ばした紙飛行機を右側から選んで、点と点を線で結びましょう。

・パーティーの間に撮った写真の絵があります。この6枚の絵のうち、お話に合うものに
　○をつけましょう。

・このお話の季節はいつですか。その季節と仲よしの絵に○をつけましょう。

2 観察力（影）

・上の黒い影は、下のどの絵が重なってできていますか。重なっているものを全部選んで、
　それぞれ○をつけましょう。

3 数　量

・上の大きな四角の中に、ブドウはいくつありますか。その数だけ、下のブドウの横のマ
　ス目に1つずつ○をかきましょう。

・上の大きな四角の中のイチゴを3人で分けると、1人分はいくつになりますか。その数
　だけ、下のイチゴの横のマス目に1つずつ○をかきましょう。

・果物が入ったカゴの段です。左端の四角の絵のように、果物をカゴに入れます。上の大
　きな四角の中にある果物を使うと、同じカゴがいくつできますか。その数だけ、マス目
　に1つずつ○をかきましょう。

4 推理・思考（重さ比べ）

・上の四角がお手本です。お手本のようにシーソーがつり合うとき、その下のシーソーの
　うち正しいものを選んで○をつけましょう。

5 話の理解

・わたしは赤いシャツを着て、帽子をかぶっています。わたしに○をつけましょう。

・わたしはランドセルを背負っています。わたしのすぐ後ろには男の子がいます。わたし
　に△をつけましょう。

6 言語・常識（仲間探し）

・左の四角の中の絵は仲よしです。名前の音の数や名前に入っている音など、どのような

仲よしかを考えて、同じ仲よしのものを右の四角から1つ選んで○をつけましょう。

7 系列完成

・いろいろな印が決まりよく並んでいます。空いている四角の中には、どの印が入るとよいですか。入る印を四角の中にかきましょう。

8 観察力

・四つ葉のクローバーを見たことがありますか。四角の中から本当の四つ葉のクローバーだと思うものを見つけて、○をつけましょう。

9 点図形・構成・推理・思考

・左です。青い四角の中の絵がお手本です。下の四角に同じになるようにかきましょう。
・真ん中です。上の四角の形を作るのに使うものはどれですか。下の四角から選んで○をつけましょう。
・右です。赤い四角の中の絵がお手本です。下の四角との間に鏡を置いたとき、お手本の絵はどのように写りますか。下の四角にかきましょう。

個別テスト

10 記 憶

タヌキが文房具屋にお買い物に行く歌が流れた後、解答用のプリントが示される。

※適当にメロディーをつけて「タヌキさんがお買い物、文房具屋さんに行きました。クレヨン買って、鉛筆買って、そうそうはさみにセロハンテープ、みんな買って帰りましょう」という歌詞で歌ってから解答用のプリントを示し、行ってください。

・今聞いた歌に出てこなかったものに○をつけましょう。

11 推理・思考（四方図）

おはじきが用意されている。上の四角の中の絵のうち1つを、テスターが指でさす。
・今先生が指でさしたものと同じものを下の絵から選んで、赤いおはじきを置きましょう。

常識（注意力）・工夫力

トレーの上に、ビニール袋、ふきん、おはじき、缶、割りばし、ペットボトルが置いてある。

・（音が聞こえる）今聞いた音は、トレーにあるもののうちどれを使って出した音ですか。指でさしましょう。

・トレーに置いてあるものを使って、いろいろな音を出してみましょう。どれを使っても
　よいですし、使い方も自由です。

12 **常識・言語**

雨の中で傘をさしている女の子と、傘のない女の子の絵を見せられる。
・あなたがこの傘をさしている女の子だったら、傘のない女の子に何と声をかけますか。
　この女の子の気持ちになってお話ししましょう。

ケーキ屋さんと、赤ちゃんを抱いたお母さんの絵を見せられる。
・ごっこ遊びをするとしたら、ケーキ屋さんとお母さんのどちらの役になりたいですか。
　なりたい方におはじきを置きましょう。
・では、その役になってお話ししましょう。

巧緻性

台紙の6つの穴にひもが通ったお手本、6つ穴が開いていてそのうち2つの穴にひもが通
っている台紙が渡される。
・お手本と同じになるようにひもを通し、チョウ結びをしましょう。

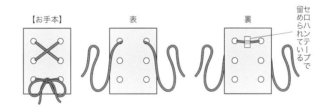

親 子 面 接

本 人

※返答内容により質問が発展する。
・お名前を教えてください。
・幼稚園（保育園）の名前とクラスの名前を教えてください。担任の先生の名前も教えて
　ください。
・お友達の名前を教えてください。お友達とは何をして遊びますか。外ではどんなことを
　して遊びますか。
・(コロナウイルス対策下で) 幼稚園がお休みのときは、どのように過ごしていましたか。
・きょうだいの名前を教えてください。何をして遊びますか。

・お父さんとは一緒に遊びますか。何をして遊びますか。
・お父さんやお母さんのお手伝いはしますか。
・家族の思い出を教えてください。
・好きな本は何ですか。
・将来の夢は何ですか。
・宝物は何ですか。

父　親

・宗教教育について、どのようにお考えですか。
・今日のお子さんの様子は、いつも通りですか。
・お子さんのお名前の由来について教えてください。
・電車やバスでよく出かけますか。
・お忙しい中、お子さんとはどのようにかかわっていますか。
・海外赴任をされていたのは、お仕事の関係ですか。
・コロナウイルス対策下で社会情勢が変わりましたが、お仕事の上で変化はありましたか。
・お仕事をされる上で大切にしていることは何ですか。
・ご自身の小さいころの夢は何でしたか。
・父親の役割についてお聞かせください。

母　親

・カトリック教育について、どのようにお考えですか。
・ご主人のお子さんへの接し方に対して甘さを感じますか。
・お子さんは幼稚園でどのようなお子さんだと言われていますか。
・ご自身が小さいころ、どのような大人になりたいと思いましたか。また、どのような仕事をしたいと思っていましたか。
・お子さんに同じ仕事をさせたいと思いますか。
・子育てで楽しかったこと、苦労したことは何ですか。
・お子さんの夢を知っていますか。ご自身の夢は何でしたか。
・最近お子さんが頑張っていることは何ですか。
・お子さんが成長したと感じるところはどんなところですか。
・コロナウイルス対策下で幼稚園（保育園）がお休みの間、どのようにお過ごしでしたか。
・コロナウイルスの緊急事態宣言中、どのようにお過ごしでしたか。

※今年度は親子面接の後に、中止となった学校見学会に代わる体験コーナーが設けられ、子どものみ別室で約5人1組になり魚釣りゲームをして遊んだ。

1

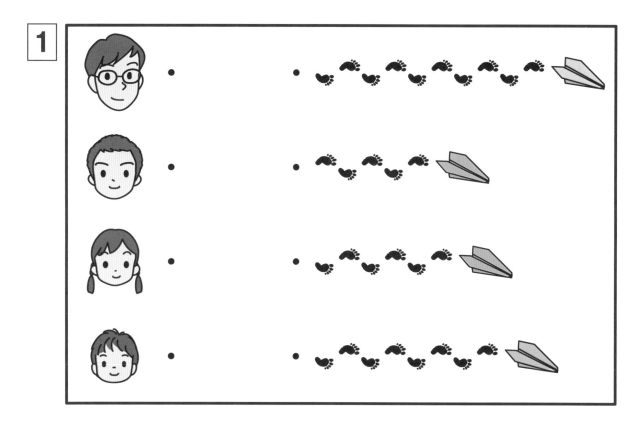

1

2

3

4

5

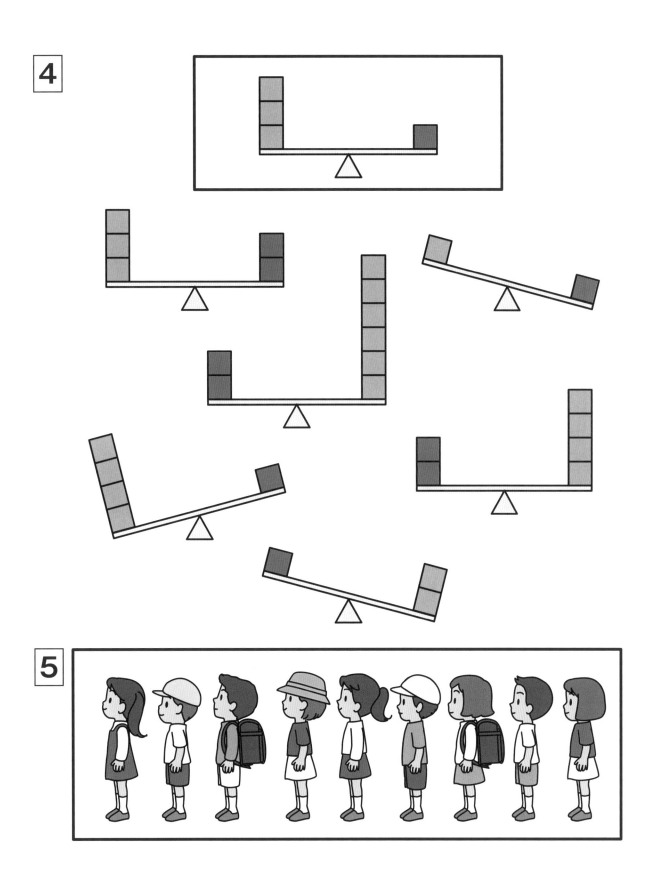

6

7

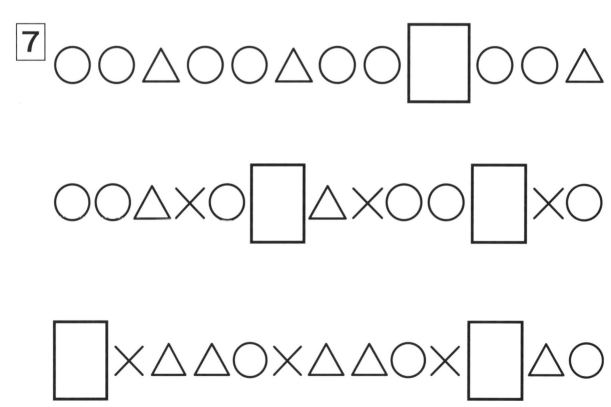

○○△○○△○○[　]○○△

○○△×○[　]△×○○[　]×○

[　]×△△○×△△○×[　]△○

8

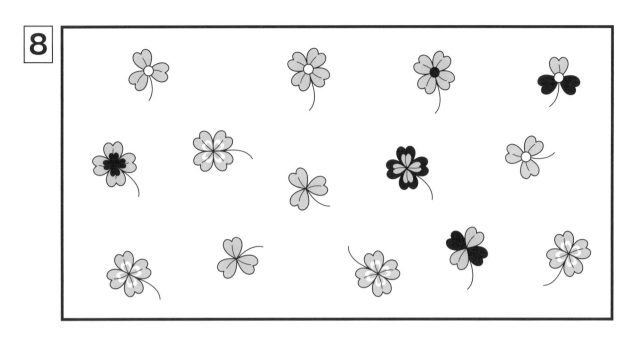

9

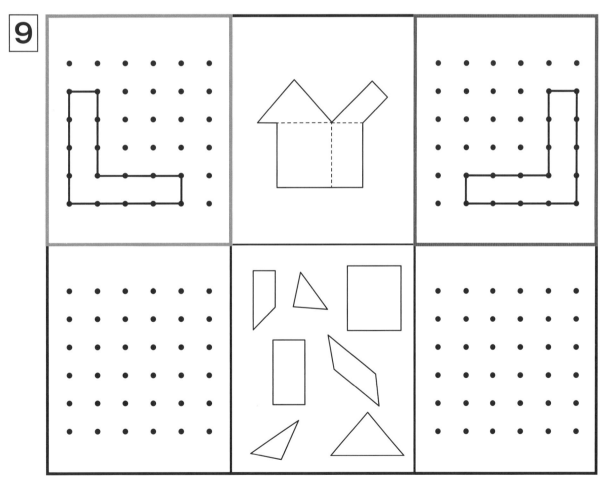

10

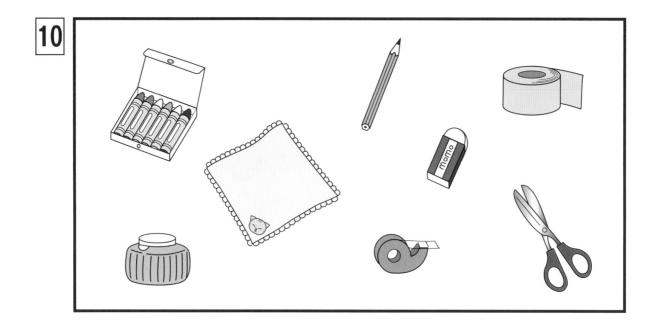

11

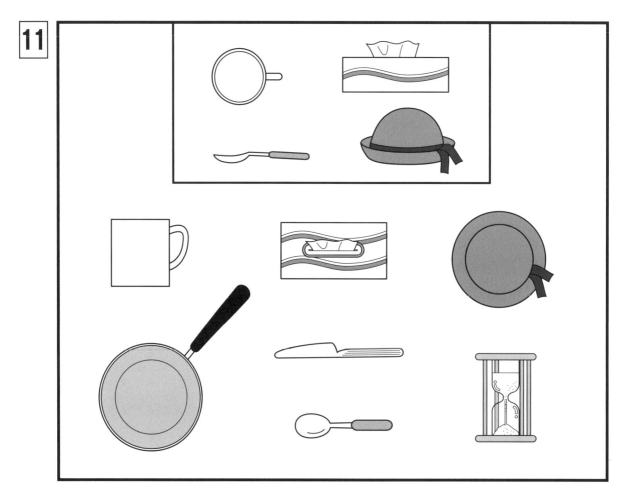

12

2020 白百合学園小学校入試問題

選抜方法

考査は1日で、決められた受験番号順に約10人単位でペーパーテスト、個別テスト、集団テストを行う。所要時間は3時間30分～4時間。考査日前の指定日時に親子面接がある。

ペーパーテスト

筆記用具は青のクーピーペンを使用し、訂正方法は×(バツ印)。出題方法は音声。

1 話の記憶・常識・絵の記憶

「白い鳥のおまわりさんが、木の枝に止まっていました。青い空を見上げて、『今日はいい天気だなあ。さて、そろそろパトロールに行こう』と言うと、飛び立ちました。しばらく飛んでいくと、赤い三角屋根の2階建てのお家がありました。女の子とお母さんが楽しそうに遊んでいる様子が窓ごしに見えて、2人の話し声が聞こえてきました。『お母さん、積み木で遊ぼうよ』。『そうね、じゃあ、お城を作りましょう』。『わたしは、この間家族で乗った青い船が作りたいな』と女の子が言うと、お母さんが『それもいいわね』と言って、船を作ることになりました。『あれ、サイコロの形の積み木が4個しかない。2つ足りないわ、どうしようか』とお母さんが言うと、女の子は『それじゃあ、代わりに三角の積み木を使おうよ。三角の積み木は屋根のところに1つ使うけど、まだたくさんあるからだいじょうぶ』と言いました。白い鳥のおまわりさんは、人間の積み木はいろいろなものが作れてすごいな、と思いました。またしばらく飛んで行くと、公園に着きました。公園では、遠足に来ていた子どもたちが先生のお話を聞いていました。緑のエプロンを着けた先生は『これからお約束を言います。公園に咲いているきれいなお花は、摘んではいけません。遊ぶときは水筒を下ろして、帽子をかぶって遊びましょう』と言いました。みんなは元気よく返事をすると、遊び始めました。たろう君とはなこさんは、まずは砂場で遊んでいます。たろう君は砂場で遊んだ後に、すべり台で遊びました。じろう君は、初めはすべり台で遊んでいましたが、ほかのお友達が遊んでいたブランコが楽しそうだなと思い、次はブランコで遊ぶことにしました。白い鳥のおまわりさんは、『先生がお話ししていたお約束を守っていない子もいるけど、だいじょうぶかな。でも、みんな楽しそうでいいな』と思いながら、木のお家に戻ってきました」

A
・お母さんが初めに積み木で作ろうといったものに○、女の子が作りたいと言ったものに△をつけましょう。
・女の子のお家に○をつけましょう。

・空から見ていた鳥に○、飛べない鳥に△をつけましょう。

・船を作るのに使った積み木の数だけ、それぞれの形の積み木の横に○をかきましょう。

B
・子どもたちが遠足に来ていた公園の様子です。先生がお話ししたお約束を守っていない子に○をつけましょう。

C
・先生は何色のエプロンをしていましたか。その色の野菜に○をつけましょう。

・たろう君が最初に遊んだものに○、じろう君が2番目に遊んだものに△をつけましょう。

・先ほど、子どもたちが遠足に来ていた公園の様子の絵を見ましたね。その中にいたネコに○をつけましょう。

・ブランコで遊んでいた女の子は、どのような模様のシャツを着ていましたか。その模様の絵に○をつけましょう。

・絵の中にあったすべり台はどれですか。合うものに○をつけましょう。

・公園に、門はいくつありましたか。その数だけ門の絵の横に○をかきましょう。

・イヌと散歩をしていた女の子は、どのような髪型をした女の子でしたか。合う絵に○をつけましょう。

2 数　量

・左の四角を見ましょう。1段目には女の子と男の子、2段目には数の違うゴンドラのついた2つの観覧車、3段目にはウサギとカメが描いてあります。それぞれの段で2つの人やもの、生き物を比べると、数はいくつ違いますか。その数だけ右のマス目に○をかきましょう。

3 数量（分割）

・3匹のサルが、下にあるバナナを分けます。バナナを仲よく全部分けられる四角に○、バナナが余る四角に△をつけましょう。

4 推理・思考（折り図形）

・左のように折った折り紙を開くと、折り線はどのようにつきますか。正しいものを右から選んで○をつけましょう。

5 推理・思考

・矢印の上のように積み木を積んでから、2つだけを動かして矢印の下のようにしました。動かした積み木はどれですか。上の積み木の、動かした2つを塗りましょう。

6 観察力（同図形発見）

・それぞれの段から同じ形を2つ見つけて、それぞれに○をつけましょう。

7 言　語

・左の四角の中のものの、2番目の音をとってつなぐと何になりますか。合うものを右から選んで○をつけましょう。

8 言　語

・「とる」ということをしている絵に○をつけましょう。
・「ひく」ということをしている絵に△をつけましょう。
・「かける」ということをしている絵に◎をつけましょう。

■ 個別テスト

9 絵の記憶

おはじきが用意されている。下の絵を隠して上の絵を20秒間見せる。その後上の絵を隠し、下の絵を見せる。
・さっき見た絵にはいなかったものに、おはじきを置きましょう。

◤ 言　語

クリの実物を見せられる。
・これは何ですか。触ってもよいので、どんなものかお話ししてください。

10 常識・生活習慣

4つのものが描かれた台紙を見せられる。
・自分が手を洗うときに使うものを指さして、どのように使って手を洗うかお話ししてください。
・自分のハンカチを出して、手をふくまねをしてください。

11 常識（注意力）

・（ウーウーとサイレンの音が聞こえる）何の音でしょう。合う絵におはじきを置きましょう。
・（カチャッと何かが開いたような音が聞こえる）何の音でしょう。合う絵におはじきを置きましょう。
・（トントンと何かをたたいたような音が聞こえる）何の音でしょう。合う絵におはじきを置きましょう。

・（パンパンと何かを合わせたような音が聞こえる）何の音でしょう。合う絵におはじき
を置きましょう。

🏷 生活習慣

ランチョンマットの上に、フォーク、はし、スプーン、カップ、ソーサー、模擬のケーキ
が載った皿、模擬のドーナツが載った皿がある。脇にはトレーが置いてある。

・先生をお客さまだと思って、おもてなしをしてください。ケーキと飲みものを先生のと
ころに運んできてください。

12 工夫力

直径5cmくらいの丸い赤の折り紙6枚、台紙が用意されている。

・それぞれの台紙の左上にある、小さな四角がお手本です。これと同じ形になるように、
折り紙を枠の中にピッタリ入れましょう。折ったり、切ったり、重ねたりしてもよいで
すよ。

13 観察力

・マス目の左上の、線で囲んだところがお手本です。ネコが3匹並んでいるところを探し
て、お手本のように線で囲みましょう。並び方は縦でも横でも構いません。

集団テスト

🏷 自由遊び

・絵本、折り紙、あやとりのコーナーで自由に遊ぶ。

🏷 行動観察

・在校生が読んでくれる絵本や紙芝居を聴く。

🏷 行動観察

6人ずつのグループに分かれて行う。ござが用意されている。

・ござの上で、お友達と何をして遊ぶか相談をして一緒に遊びましょう。

親 子 面 接

本 人

- お名前を教えてください。
- 幼稚園（保育園）の名前とクラスの名前を教えてください。担任の先生の名前を教えてください。
- お友達の名前を教えてください。
- お友達とは何をして遊んでいますか。
- 外ではどのようなことをして遊びますか。
- きょうだいの名前を教えてください。きょうだいとは何をして遊びますか。
- お父さんとは一緒に遊びますか。何をして遊びますか。
- お父さんやお母さんのお手伝いはしていますか。
- 家族3人の思い出を教えてください。
- 好きな本は何ですか。
- この学校に来たことはありますか。
- 大きくなったら何になりたいですか。
- 幼稚園（保育園）の運動会は終わりましたか。
- 宝物は何ですか。

父　親

- 宗教教育について、どのようにお考えですか。
- 今日のお子さんの様子は、いつも通りですか。
- お子さんのお名前の由来について教えてください。
- 家族一緒に、電車やバスでよく出かけますか。
- お忙しい中、お子さんとはどのようにかかわっていますか。
- お仕事をされるうえで大切にしていることは何ですか。
- ご自身の小さいころの夢は何でしたか。
- 父親の役割についてお聞かせください。

母　親

- 見学会で在校生をご覧になった際、カトリック教育の影響をお感じになりましたか。
- ご主人のお子さんへの接し方に対して、甘さを感じますか。
- ご自身が小さいころ、どのような大人になりたいと思っていましたか。どのような仕事をしたいと思いましたか。お子さんに同じ仕事をさせたいと思いますか。
- 子育てで楽しかったこと、苦労したことは何ですか。
- お子さんの夢を知っていましたか。ご自身の子どものころの夢は何でしたか。
- お子さんは幼稚園でどのようなお子さんだと言われていますか。
- 最近お子さんが頑張っていることは何ですか。
- お子さんが成長したと感じるところはどんなところですか。

1 — A

2020 白百合学園小学校

page | 053 |

2

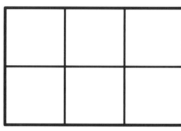

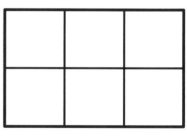

3

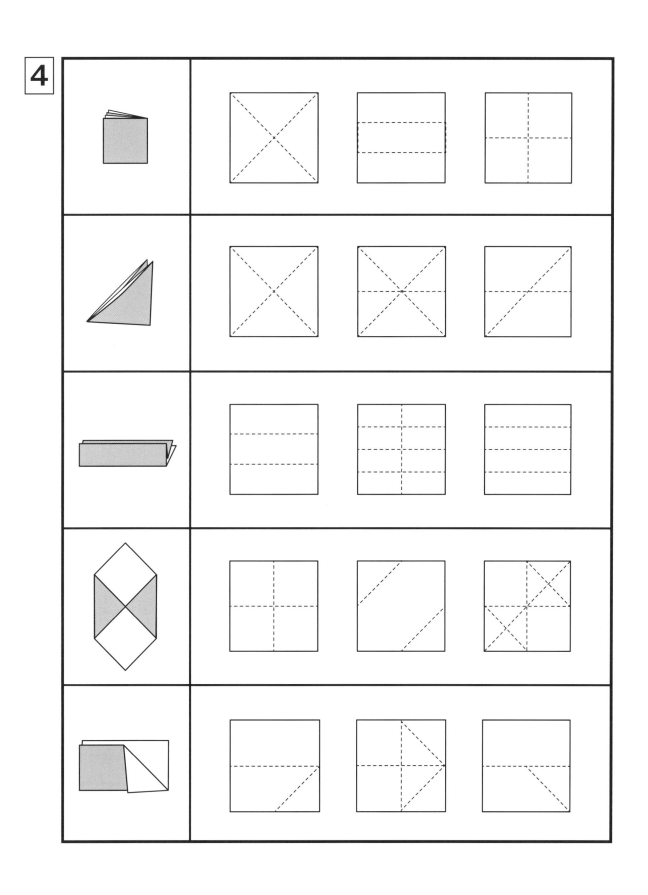

5

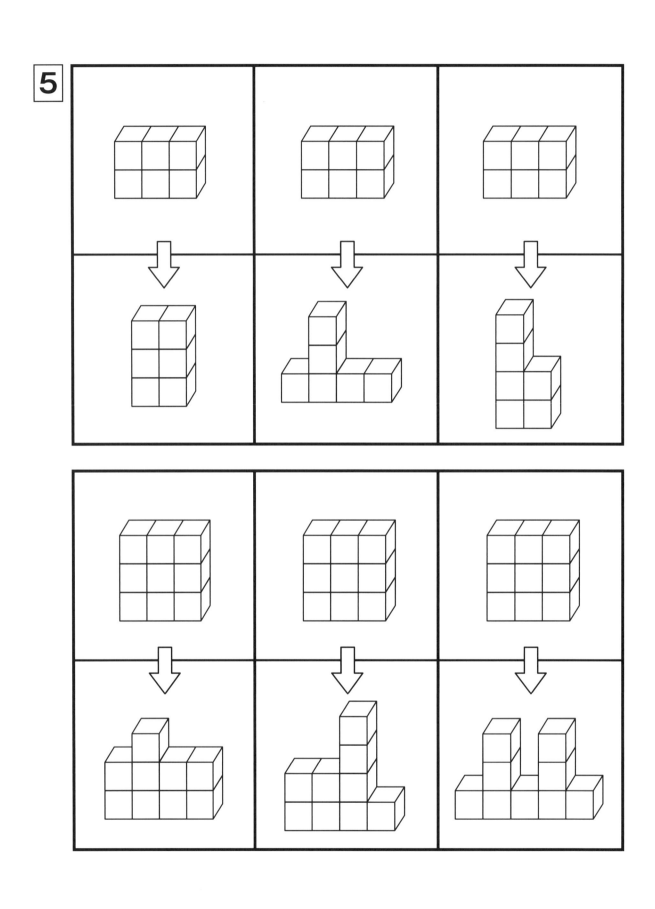

6

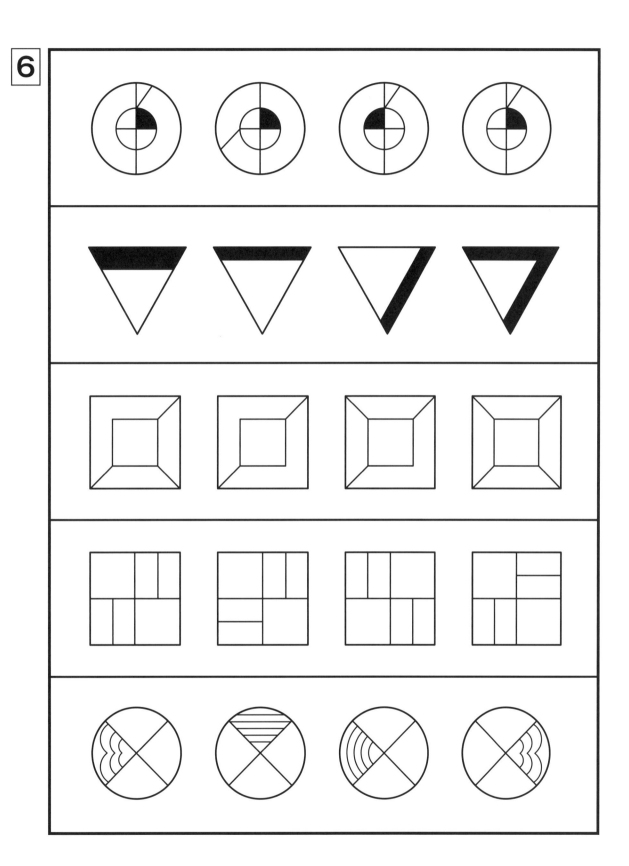

7

8

10

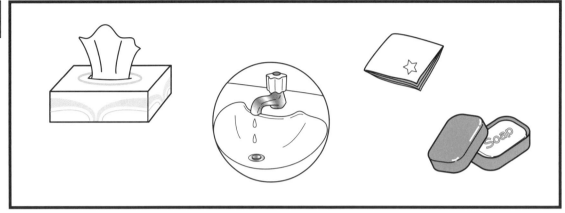

11

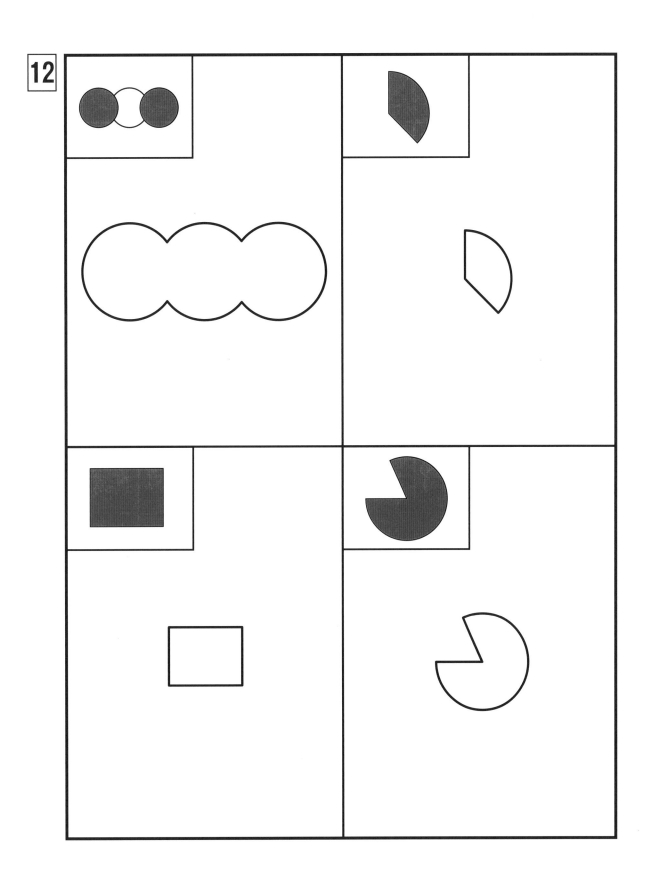

13

2019 白百合学園小学校入試問題

■ 選抜方法

考査は1日で、決められた受験番号順に約10人単位でペーパーテスト、個別テスト、集団テストを行う。所要時間は約3時間。考査日前の指定日時に親子面接がある。

ペーパーテスト ┃ 筆記用具は青のクーピーペンを使用し、訂正方法は×（バツ印）。出題方法は音声。

1 話の記憶

「お母さん、はなこさん、弟のたろう君の3人は、おばあさんの家に行って5日間お泊まりをします。はなこさんは麦わら帽子をかぶり、半袖のTシャツを着てスカートをはきました。弟のたろう君は野球帽をかぶりました。おばあさんの家には電車で行きます。電車に乗る前に、駅でお弁当を買いました。はなこさんはのり巻き、弟のたろう君はおにぎり、お母さんはきれいなちらし寿司のお弁当です。電車に乗ると、はなこさんはすぐ右側の窓際の席に座りました。お母さんはその向かい側、たろう君はお母さんの隣の席です。おなかがすいたので、電車の中でお弁当を食べました。お弁当を食べた後、はなこさんとたろう君はおやつにアメを食べました。おばあさんの家では5日間、いろいろな楽しいことをして遊びました。たろう君は虫捕りをして、カブトムシとクワガタムシを捕りました。その後、みんなで海に行って魚釣りもしました。魚釣りをしていると後から着いたお父さんもやって来て、釣った魚を焼いて食べました。夜は花火をしました。次の日、はなこさんとたろう君とお父さんは川へ泳ぎに行きました。泳いだ後は川原でスイカ割りをしました。最初にたろう君がやってみましたが、ヒビも入りませんでした。今度ははなこさんがやってみると、少しヒビが入りましたがやはり割れませんでした。最後にお父さんがやってみると、上手にスイカを割ることができました。とても楽しい夏休みでした」

・上の2段です。おばあさんの家へ行くときにははなこさんが着た服に○、たろう君がかぶった帽子に△をつけましょう。

・3段目の左です。電車の中ではなこさんが座った席に○、たろう君の座った席に△をつけましょう。

・右です。はなこさんが食べたお弁当に○、たろう君が食べたお弁当に△をつけましょう。

・4段目のスイカ割りのスイカで、はなこさんがやってみた後だと思うものに○、たろう君がやってみた後だと思うものに△をつけましょう。

・下の4段のうち、5日間でみんながした遊びが、左から正しい順番で描いてある段はど

れですか。その左端の四角に○をかきましょう。

2 数量（マジックボックス）

・上の四角がお手本です。イチゴが、赤い箱を通ると2つ減り、黄色の箱を通ると4つ増え、青い箱を通ると3つ減ります。では、下の段の左端にあるイチゴがその右にある箱を通ると、イチゴはそれぞれいくつになりますか。その数だけマス目に○をかきましょう。

3 常識（季節）

6つの絵がありますね。

・（「チューリップ」の曲が流れる）今の曲と同じ季節の絵に○をつけましょう。

・（「どんぐりころころ」の曲が流れる）今の曲と同じ季節の絵に△をつけましょう。

4 推理・思考（条件迷路）

・左上のウサギが、道にあるニンジンを全部拾いながら右下のお家まで帰ります。ウサギが通る道に線を引きましょう。ただし、同じ道は1回しか通れません。

5 点図形

・上のお手本を真ん中の線でパタンと下に倒すとどのようになりますか。下にかきましょう。

6 推理・思考（水の量）

・同じ大きさのコップが4つあります。コップの中にはそれぞれビー玉が入っています。コップの中のビー玉を取りだして水の量を比べたとき、水の量が一番多いコップに○、一番少ないコップに△をつけましょう。下の段もやりましょう。

7 言　語

・絵に描かれたものの名前の音の数だけ、その下に○がかいてあります。○の上から順にその名前の音を入れたとき、「ト」の音が入るのはどれですか。その○の中に、もう1つ○をかきましょう。

個別テスト

8 常識（想像力）・言語

3人の女の子のうち、真ん中の子が積み木を独り占めしていて、両隣の子が困っている絵

を見る。

・あなたが右（または左）の女の子だったら、何と言いますか。絵を見て、その女の子の
気持ちになってお話ししましょう。

9 絵の記憶

テスターから家族とネコの絵が描かれたお手本を見せられる。その後お手本を裏返され、
絵カードが渡される。

・さっき見た絵では、黒くなっているところはどのような洋服や顔でしたか。合う絵カー
ドを黒いところに置きましょう。

10 言語（しりとり）

台紙とおはじきが用意されている。

・左の四角の３つの絵をしりとりでつなげます。それぞれの段のクエスチョンマークに入
るものを右の四角から選んで、おはじきを置きましょう。

11 常識（注意力）・位置の移動

左の四角のような、楽器と矢印が描かれた絵（トライアングルが↑、笛が↓、太鼓が→）
を見せられる。しばらくすると絵が隠され、右のようなマス目の台紙とネコの駒が用意さ
れる。テスターがネコの駒をマス目のどこかに置く。

・これから聞こえる楽器の音を聞いて、音の数だけお約束通りにネコの駒を動かすと、駒
はどこに着きますか。その場所にネコの駒を置きましょう。

制 作

白いモールを２本渡される。

・この２本のモールを使って、好きなものを作りましょう。

・何を作りましたか。お話ししてください。

想像力・言語

・２つのドアがあります。赤いドアを通ると小さくなり、青いドアを通ると大きくなります。
あなたなら、どちらのドアを通りたいですか。理由もお話ししてください。

青と赤のドアの絵が
用意される

巧緻性

B 5 判ほどの大きさの白い紙、はさみが用意されている。白い紙には上から赤い線、下から青い線が交互に引いてある。

・赤、青、赤、青……という順番で、それぞれの線をはさみで切りましょう。

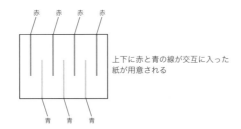

上下に赤と青の線が交互に入った
紙が用意される

集団テスト

共同絵画

5、6人のグループに分かれて行う。グループごとに、床の上に貼られた模造紙1枚、クーピーペン2セットが用意されている。

・みんなで仲よく動物園の絵を描きましょう。

自由遊び

机に用意された絵本、あやとり、折り紙などで自由に遊ぶ。

行動観察

在校生が読んでくれる絵本や紙芝居を聴く。

親 子 面 接

本 人

・幼稚園（保育園）の名前、担任の先生の名前を教えてください。

・幼稚園（保育園）のクラスの名前を教えてください。ほかにどのようなクラスがありますか。

・仲よしのお友達の名前を教えてください。

・幼稚園（保育園）では何をして遊びますか（室内や外、晴れのとき、雨のときなど）。

・今日はここまでどうやって来ましたか。遠かったですか。

・習い事は何かしていますか（発展して質問がある）。

・将来は何になりたいですか（発展して質問がある）。

・お家では、どのようなお手伝いをしていますか（発展して質問がある）。

・どのような本が好きですか。そのお話のどのようなところが好きですか。

・育てている植物や飼っている生き物はいますか。それは何ですか（発展して質問がある）。

・お母さんの作る料理で好きなものは何ですか。その作り方を教えてください。

・お家ではお父さん（お母さん）と何をして遊びますか。

・お父さん（お母さん）にどんなことでほめられ（しかられ）ますか。

・大切にしているものはありますか。

・きょうだいとは仲よしですか。

・この学校に入ったら何をしたいですか（発展して質問がある）。

・この学校に来たことはありますか。覚えていることは何ですか。

父 親

・志望理由をお聞かせください。

・お仕事についてお聞かせください。

・本校にどのような印象をお持ちですか。

・どのようなお子さんですか。

・今日のお子さんの様子を見て、どのように思われますか。

・お子さんとどのようにかかわっていますか。

・（子どもの将来なりたいものの話を受けて）お子さんはどうしてその職業につきたいと思ったのか、ご存じですか。

・本校はカトリックの学校です。カトリック、またはキリスト教や、広く宗教教育についてでも結構ですが、お考えをお聞かせください。

母 親

・小学校でトラブルがあったとき、どのように対応されますか。

・お子さんがお友達と「うまくいかない」と言って帰ってきたらどうしますか。

・幼稚園（保育園）でお友達とトラブルになったことはありますか。

・今、お仕事をしていますか。送迎などのサポートはありますか。

・お子さんが2人いてうれしいことは何ですか。また苦労したことなどについて、具体的なエピソードを交えて教えてください。

・幼稚園（保育園）の先生から、お子さんについてどのような子どもだと聞いていますか。

・お子さんが成長したなと実感することは何ですか。

・今、お子さんが熱中していることは何ですか。

・幼稚園（保育園）または小学校と、家庭との教育の違いについてお聞かせください。

・ご家庭でのしつけについて、大切にしていることは何ですか。

1

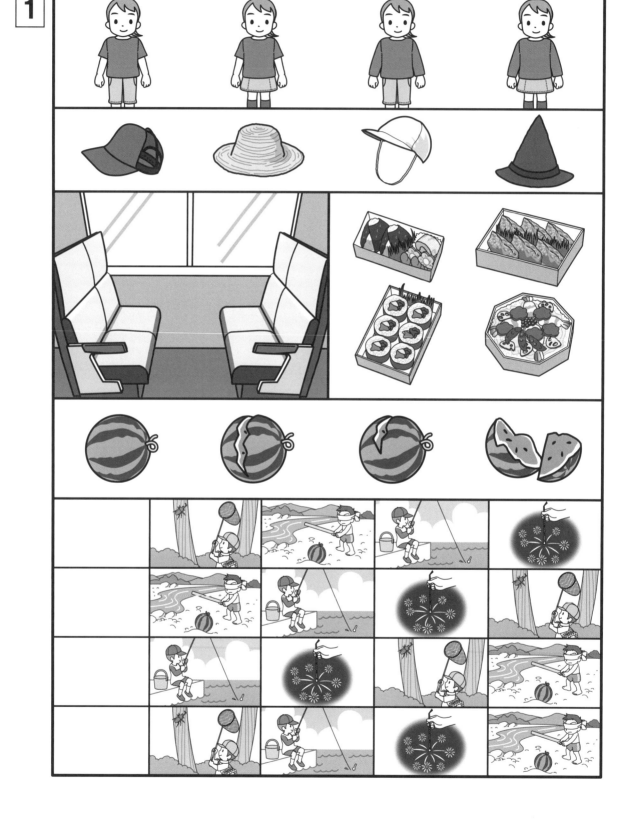

2

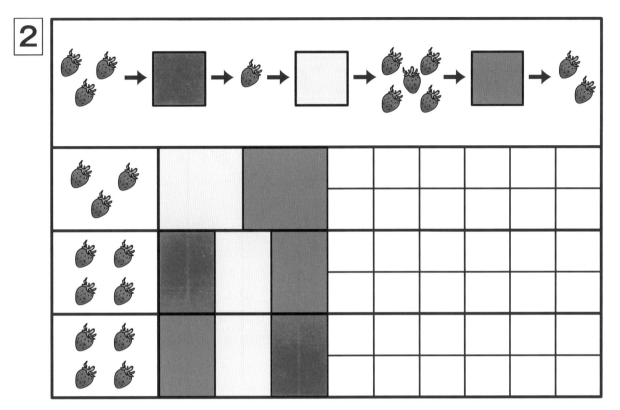

3

4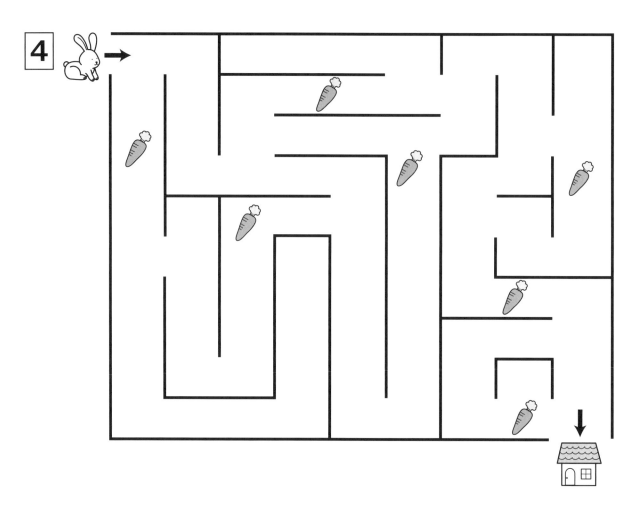

5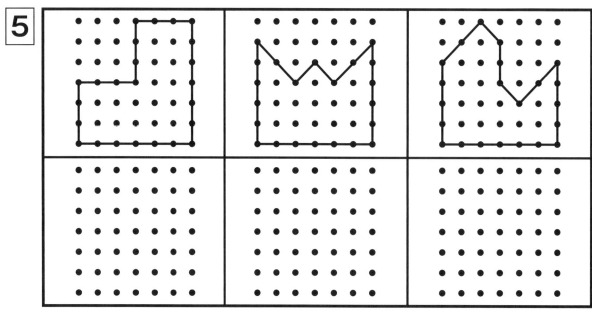

6

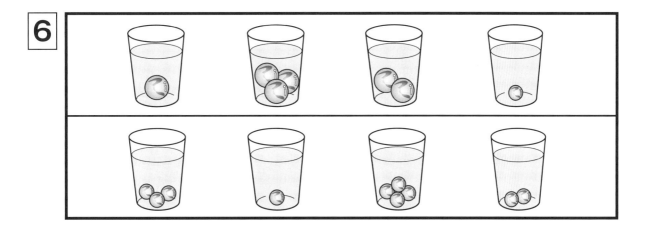

7

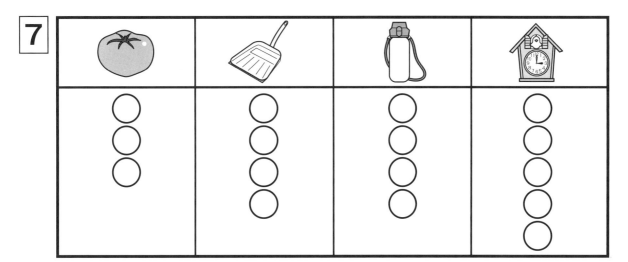

8

9 【お手本】

〈表〉

〈裏〉

〈絵カード〉

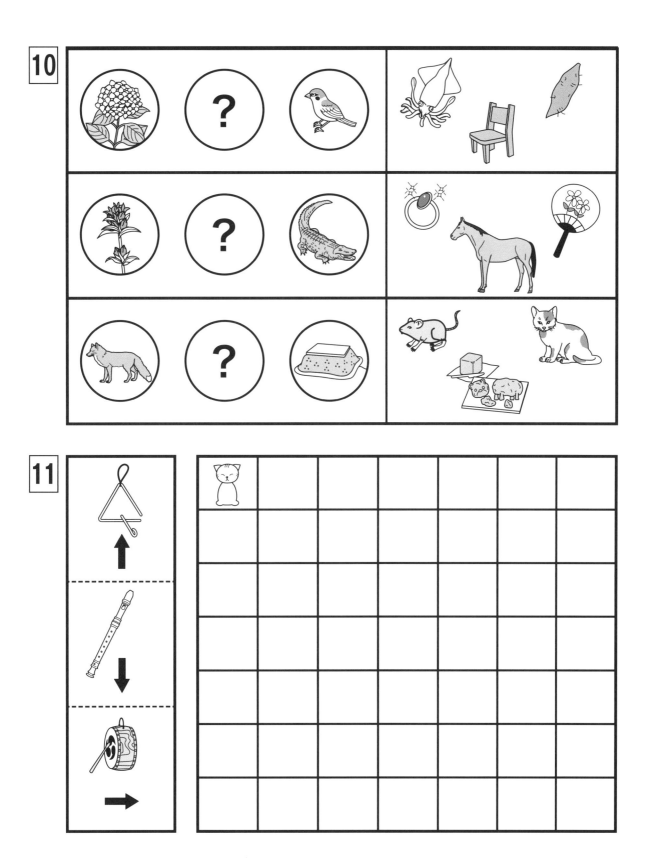

2018 白百合学園小学校入試問題

■ 選抜方法

考査は1日で、決められた受験番号順に約10人単位でペーパーテスト、個別テスト、集団テストを行う。所要時間は4時間～4時間30分。考査日前の指定日時に親子面接がある。

┃ ペーパーテスト ┃ 筆記用具は青のクーピーペンを使用し、訂正方法は×(バツ印)。出題方法は音声。

1 話の記憶

「ゆりこさんは、お父さん、お母さん、弟のけんた君の家族全員と、おばあさんと一緒に電車で海に行きました。途中でトンネルを3つ過ぎると、海のそばにある駅に到着です。駅で降りると、海のにおいがしました。『わあ、とてもいい天気だね。雲が一つもないよ』とけんた君が言うと、『そうね』とお母さんが言いました。海に着くと、まずパラソルを3本立てました。しま模様と星の模様のパラソルを家族4人で使い、お花の模様のパラソルをおばあさんが使います。その後ゆりこさんは、お母さんと浮き輪をふくらませました。頑張っていっぱい空気を入れたので、ゆりこさんは汗をかきました。ふくらませた浮き輪を持ってさっそく海に入ると、砂の上に星のような形のヒトデがいました。それから魚が3匹泳いでいるのが見えました。カニが岩のところに隠れたのも見えました。けんた君が『お姉ちゃん、泳ぐの上手だね』と言ったので、ゆりこさんは泳ぎ方を教えてあげました。お昼ごはんを食べた後、ゆりこさんはけんた君と一緒に砂でお山を作りました。けんた君の肩の高さまである、高いお山ができました。ところが、急にゴロゴロと音がして、雨が降ってきてしまいました。せっかく作った砂のお山が雨で崩れて流されてしまい、ゆりこさんとけんた君は『あ〜あ』とがっかりしましたが、しばらくすると雨が上がり、虹が見えました。『きれいだな』とゆりこさんは思いました。大満足の1日でした」

・お話の季節と仲よしのものに○をつけましょう。

・ゆりこさんが海の中で見たものに○をつけましょう。

・家族で使ったパラソルに○、おばあさんが使ったパラソルに△をつけましょう。

・海に行った日の最初の天気に○、最後の天気に△をつけましょう。

・ゆりこさんはどうして汗をかいたのですか。合う絵に○をつけましょう。

2 推理・思考 (対称図形)

・丸、三角、四角のそれぞれの形をちょうど半分に分けている線は、赤、緑、黄色の線の

うちどれですか。それぞれの下にある、その色の線の下に○をかきましょう。

3 推理・思考（進み方）

・左上のウサギから右下のニワトリまで、丸、三角、四角、星印の順番に進んで線を引きましょう。縦と横には進めますが、斜めに進むことはできません。また、同じ所は１回しか通れません。

4 推理・思考（左右弁別）

・左上のお手本の女の子と同じ方の手を挙げている女の子に○をつけましょう。

5 推理・思考（回転図形）

・左の形をコトン、コトン、コトンと３回倒すとどのようになりますか。正しいものを右から選んで○をつけましょう。

6 数　量

・サイコロを転がして、出た目に合わせてアメの数を決めます。白のサイコロのときは、出た目の数だけアメをもらえます。青のサイコロのときは、出た目の数だけアメをあげなければいけません。では、絵のような順番でサイコロの目が出たとき、もらえるアメは最後にいくつになりますか。その数だけ右の長四角に○をかきましょう。

7 言　語

・左の四角の中のものの、名前の最後の音をつなげてできるものを右から選んで○をつけましょう。

個別テスト

8 常　識

台紙とおはじきが用意されている。

A
・１本足で目が３つあるものにおはじきを置きましょう。
・漕いでも漕いでも進まないものにおはじきを置きましょう。
・行きはトントン、帰りはスーッと進むものにおはじきを置きましょう。
・赤くて１本足で立っているものにおはじきを置きましょう。

B
・足が６本より多いものにおはじきを置きましょう。

・1本足で立って眠るものにおはじきを置きましょう。

・足がないものにおはじきを置きましょう。

・足が8本で手がはさみのものにおはじきを置きましょう。

🔰 工夫力・言語

丸、長四角のカードが3枚ずつ渡される。

・このカードを使って高いタワーを作りましょう。

下記の質問に口頭で答える。

・タワーには誰と登りたいですか。

・タワーから何を見たいですか。

9 構成・言語

モミの木の形の枠がかかれた台紙（1枚だけパズルのピースが置かれている）、バラバラになった残りのパズルが渡される。

・枠にピッタリ入るようにパズルを置きましょう。

・この木に登るとしたら、誰と一緒に登りますか（口頭で答える）。

10 身体表現・観察力

テスターから影絵を1枚ずつ見せられる。

・この影と同じポーズをしてください。

11 常識（注意力）

楽器の絵が描かれた台紙とおはじきが用意される。トライアングル、カスタネットの音が聞こえる。

・初めに聞いた音は何の音でしたか。おはじきを置きましょう。

・2番目に聞いた音は何の音でしたか。おはじきを置きましょう。

・今、聞こえてこなかった音の楽器におはじきを置きましょう。

12 絵の記憶

上のお手本の絵を見せた後で隠し、下の絵が描かれたプリントを見せる。

・誰がどの傘をさしていましたか。合うものを選んで点と点を線で結びましょう。

▌ 集団テスト ▌

共同制作

　5、6人のグループで、グループごとの机の周りに立ったまま行う。机の上に、白い粘土の塊、プラスチック製の大きなお弁当箱が用意されている。粘土を使って、グループのみんなで好きなお弁当を1つ作る。時間が余ったら、お弁当以外に好きなものを作ってもよい。片づけの際は粘土で作ったものをすべて1つの塊に戻し、大きなビニール袋に入れる。

自由遊び

　絵本、折り紙、あやとりのコーナーで自由に遊ぶ。

行動観察

　在校生が読んでくれる絵本や紙芝居を聴く。

親 子 面 接

本 人

- ・お名前を教えてください。
- ・幼稚園（保育園）の名前とクラスの名前を教えてください。ほかにどのような名前のクラスがありますか。
- ・幼稚園（保育園）では何をして遊ぶのが好きですか。外遊びは何が好きですか。
- ・仲よしのお友達の名前を教えてください。
- ・お友達とけんかをすることはありますか。
- ・幼稚園（保育園）は給食ですか、お弁当ですか。
- ・朝ごはん（お昼ごはん）は食べてきましたか。何を食べてきましたか。
- ・お父さんやお母さんと、どんなことをして遊びますか。
- ・きょうだいとは何をして遊びますか。
- ・お家で一番長く一緒に過ごす人は誰ですか。
- ・お母さんが作ってくれるお料理で好きなものは何ですか。
- ・お手伝いは何をしていますか。
- ・飼ってみたい生き物はありますか。
- ・好きな絵本は何ですか。どういうところが好きですか。
- ・この学校に来たことはありますか。
- ・そのときに見たことやしたことで覚えていることはありますか。
- ・どんなことでほめられますか（しかられますか）。
- ・大きくなったら何になりたいですか。

・これから頑張りたいことは何ですか。

父　親

・志望理由をお聞かせください。
・お仕事の内容についてお聞かせください。
・お仕事をするうえで、モットーとしていることは何ですか。
・最近のお子さんの様子で、特に印象に残ったことは何ですか。
・お子さんとコミュニケーションをとるうえで心掛けていることは何ですか。
・最近、幸せだと思ったことはありますか。

母　親

・幼稚園（保育園）の先生からは、お子さんについて何と言われていますか。
・お子さんが好きなこと（熱中していること、頑張っていること）は何ですか。
・きょうだいの関係はいかがですか。けんかをしますか。
・この１年でお子さんはどんなところが成長しましたか。
・お子さんにもう少しよくなってほしいところはどのようなところですか。
・お子さんに将来どのような女性に育ってほしいですか。そのために今、何かしていますか。
・お仕事はしていらっしゃいますか。
・何かあったときにすぐにお迎えに来られますか。
・幼稚園は給食ですか、お弁当ですか。本校はお弁当ですが、大丈夫ですか。
・育児について、相談できる人はいらっしゃいますか。
・子育てで苦労したことはありますか。

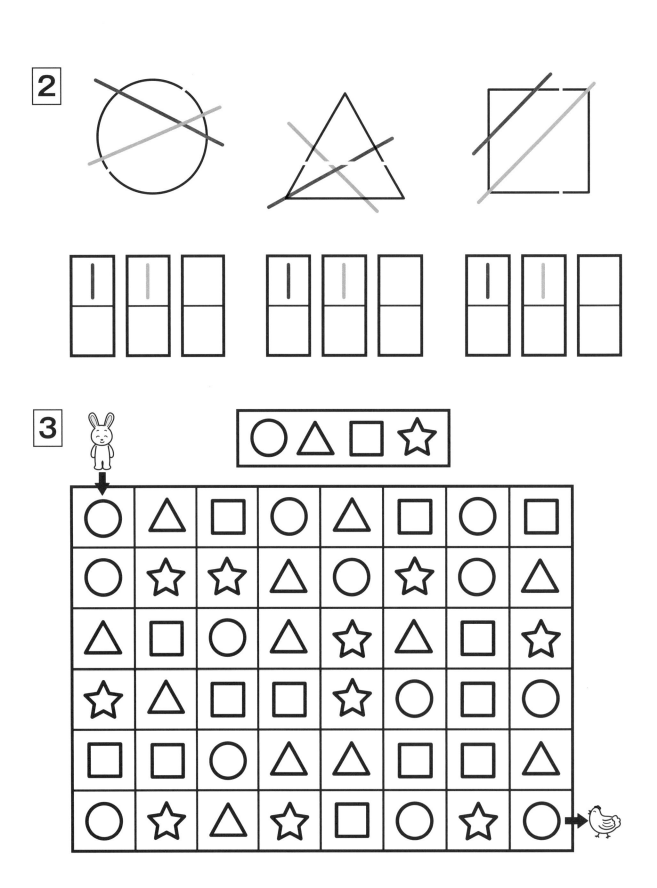

4

5

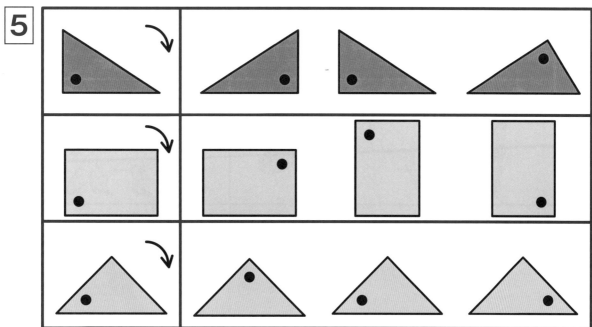

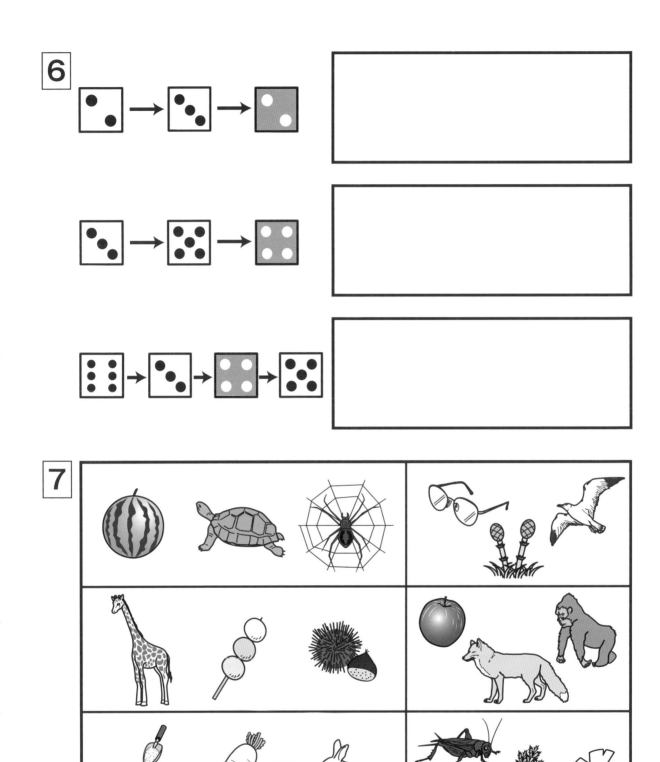

8 – A

〈台紙〉

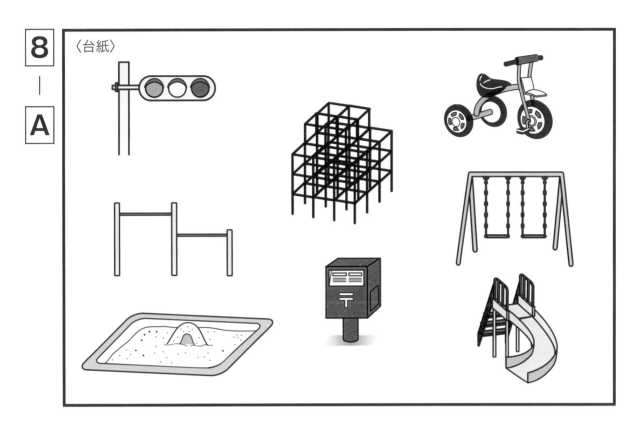

B

〈台紙〉

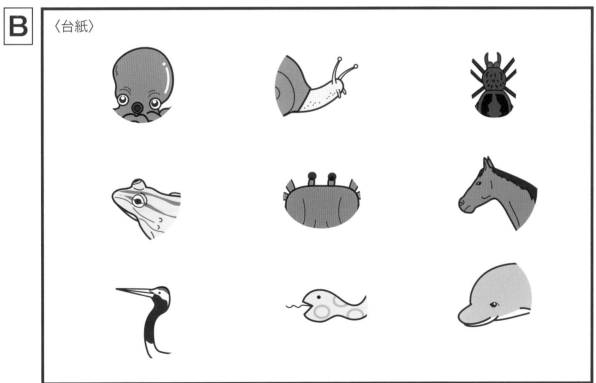

9

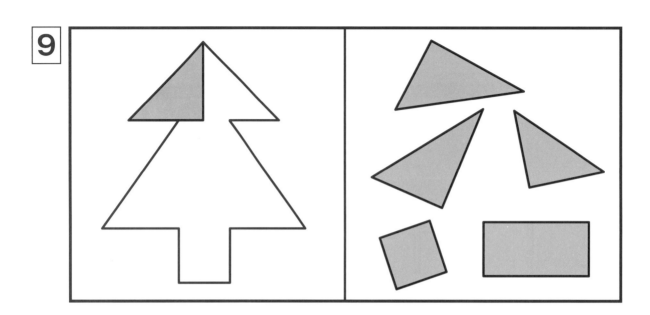

10

11

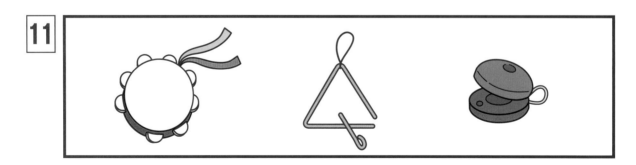

12

■ 選抜方法

考査は1日で、決められた受験番号順に9人単位でペーパーテスト、個別テスト、集団テストを行う。
所要時間は3時間～3時間30分。考査日前の指定日時に親子面接がある。

┃ペーパーテスト ┃

筆記用具は青のクーピーペンを使用し、訂正方法は×(バツ印)。出題方法は音声。

1　話の記憶

「今日は、さくらさんがとても楽しみにしていた、おじいさんのお家に行く日です。お父さんとお母さん、お兄さんと妹の家族全員でバスに乗って駅まで行き、駅からは新幹線に乗りました。おじいさんのお家に着くと、『夕方にお祭りがあるから、みんなで行こう』とおじいさんが誘ってくれて、さくらさんはお祭りに行くのが楽しみでワクワクしました。夕方になり、車に乗ってお祭りに行きました。屋台がたくさん並んでいて、まず初めにみんなで輪投げをしました。最初はお父さんです。『頑張って！』と応援すると、白と紫とオレンジ色の輪が入りました。『すごい！』とみんなは大歓声を上げました。その次におじいさんとさくらさんが投げましたが、2人とも輪は1つも入らず、さくらさんはしょんぼりしました。その次にお兄さんが輪を投げて、赤い輪が1つ入りました。お母さんも投げましたが、1つも入りませんでした。今度はみんなでくじ引きをすることにしました。お母さんがくじを引くと、水鉄砲が当たりました。妹は『クマのぬいぐるみが当たりますように……』とお祈りしながらくじを引きましたが、当たったのはパズルでした。妹は『あーあ』とがっかりしました。さくらさんがくじを引くとなんとクマのぬいぐるみが当たったので、妹にあげました。たくさん遊んでおなかがすいたので、さくらさんは焼きそば、たこ焼きを買ってもらいました。みんなで食べていると、急に『ドン！』と大きな音がしました。びっくりしてお空を見上げると、花火が上がっていました。とてもきれいで、みんなでしばらく眺めました。最後にさくらさんはジュースを買ってもらい、おじいさんのお家に帰りました」

Ⓐ
・さくらさんは何人家族でしたか。その数だけ○をかきましょう。

・おじいさんのお家に行くときに乗ったものに○、お祭りに行くときに乗ったものに△をつけましょう。

・お父さんが投げて入った輪投げの輪と同じ色の食べ物に○、お兄さんが投げて入った輪の色と同じ色の食べ物に△をつけましょう。

B
・妹がくじ引きで当てたかったものに○をつけましょう。

・さくらさんがお祭りで食べたものに○をつけましょう。

・妹がくじを引いたときの顔に○、花火が上がったときのさくらさんの顔に△をつけましょう。

2 数量（分割）

上の四角の中にリンゴとミカンの絵が描いてあります。

・3枚のお皿に同じ数ずつリンゴを分けると、リンゴはいくつ余りますか。その数だけ星の横の四角に○をかきましょう。

・3枚のお皿に同じ数ずつミカンを分けると、ミカンはいくつ余りますか。その数だけハートの横の四角に○をかきましょう。

・4つのお皿に全部の果物をそれぞれ同じ数ずつになるように分けると、果物はいくつ余りますか。その数だけダイヤの横の四角に○をかきましょう。

3 数　量

・左の絵がお手本です。マス目の中にイチゴの絵があります。縦か横に並んだ2つのマス目の中のイチゴを合わせると10個になるところを見つけて、お手本のように○をかきましょう。

4 言語（しりとり）

・左上の二重丸の中の絵から始めて、できるだけ長くしりとりでつながるように線をかきましょう。

5 常識（仲間探し）

・上の絵と仲よしのものを下から探して、点と点を線で結びましょう。

6 構　成

・上の小さい四角の中の三角がお手本です。下の絵はお手本の三角を何枚使うとできますか。その数だけ絵の下のマス目に○をかきましょう。

7 推理・思考（ひも）

・矢印の方向にひもを引っ張ったときに、ほどけるものに○をつけましょう。

8 推理・思考（スタンプ）

・左のスタンプを押すとどのようになりますか。右から選んで○をつけましょう。

9 推理・思考（重ね図形）

・左の四角の中にある2枚の絵は、透き通った紙に描いてあります。同じ種類の虫を重ねたとき、どのような絵になりますか。右から選んで○をつけましょう。

個別テスト

10 絵の記憶

上の部屋の中の絵を見せた後（約20秒）隠し、下の絵を見せる。
・さっきの絵にあったものにおはじきを置きましょう。

11 言　語

・（テスターがたき火の絵を指さしながら）この絵は「ボウボウ」ですね。（夜空の絵を指さしながら）この絵は「キラキラ」ですね。では（お肉を焼いている絵を指さしながら）この絵の様子は何でしょう。お話ししましょう。
・（窓をふいている絵を指さしながら）この絵の様子は何でしょう。お話ししましょう。

12 常識（道徳）

・あなたがこのような場所にいたら、気をつけることは何ですか。たくさんお話ししましょう。

構成・記憶

マッチ棒が数本ある。お手本を見せた後（約10秒）隠す。
・さっき見たお手本と同じものを作りましょう。

【お手本1】

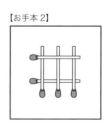
【お手本2】

生活習慣

机の上にお手本の写真、塗りばし、四角と三角の小さいスポンジ、四角と丸の小さい積み木、イクラの軍艦巻き消しゴム、4つに仕切られた箱が用意されている。
・ここにあるものを、おはしでお手本のように箱に入れましょう。

【お手本】

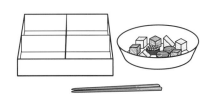

想像力・言語

・(白い箱を見せながら) これは魔法の箱です。箱に呪文をかけると、あなたの好きなものが出てきます。では箱をなでながら、呪文を言ってみましょう。何が出ましたか。(答えると) どうしてそれが欲しいのですか。お話ししましょう。

指示行動

いすの横に立ち、「やめ」と言われるまでその場でジャンプをする。

集団テスト

課題遊び

4〜6人単位のグループで、床に正座して行う。パターンブロックがたくさん用意されている。

・パターンブロックをできるだけ高くなるように、みんなで協力して積みましょう。崩れたらもう一度初めからやり直し、できたらみんなで「できました」と言ってください。

自由遊び

絵本、折り紙、あやとりのコーナーで自由に遊ぶ。

行動観察

在校生が読んでくれる絵本や紙芝居を静かに聴く。

親 子 面 接

本人

- お名前と幼稚園（保育園）の名前を教えてください。
- 幼稚園（保育園）のクラスの名前は何ですか。ほかにどのようなクラスがありますか。
- 幼稚園（保育園）の担任の先生の名前を教えてください。
- 男の先生はいますか。ここは男の先生がいますが大丈夫ですか。
- 幼稚園（保育園）で何をして遊ぶのが好きですか。
- 仲よしのお友達の名前を教えてください。
- お友達とけんかはしますか。どのように仲直りしますか。

父親

- 今日のお子さんの様子を見てどう思いますか。
- 志望理由についてお話しください。
- 本校に希望することは何ですか。
- カトリックの学校を選ばれた理由をお聞かせください。
- 女子校を選ばれた理由をお聞かせください。
- 女子だけの12年間の学校生活をどう思われますか。
- 忙しい中で、お子さんとのコミュニケーションはどのようにとっていますか。
- 最近お子さんと話したことは何ですか。
- 家族で過ごしたことで、特に印象に残っていることは何ですか。
- お子さんの長所はどのようなところですか。
- お子さんが夢中になっていることは何ですか。
- お子さんの将来の夢を知っていますか。

母親

- 本校の学校行事には参加されましたか。その印象をお話しください。
- 本校の教育方針についてどのように思われますか。
- お仕事内容と勤務形態についてお聞かせください。
- お仕事をされていますが、小学校入学直後の送迎はできますか。サポートしてくれる人はいますか。
- お子さんのどのようなところを伸ばしていきたいですか。
- お子さんに対して「もう少しよくなってほしい」と思うことは何ですか。
- 幼稚園（保育園）の先生には、どのようなお子さんだと言われていますか。
- お子さんがお友達とけんかをしたら、どうしますか。
- 上のお子さんに学校でトラブルがあったとき、どのように相談や対応をしていますか。
- 上のお子さんと学校が違うと、不都合なことはありませんか。

・小学生になると現在とは生活時間帯や環境が変わってくると思います。それについてどのようにお考えですか。

・子育てで苦労したことは何ですか。

・現代社会についてどのように思われますか。どのようなことに関心がありますか。

1

|

A

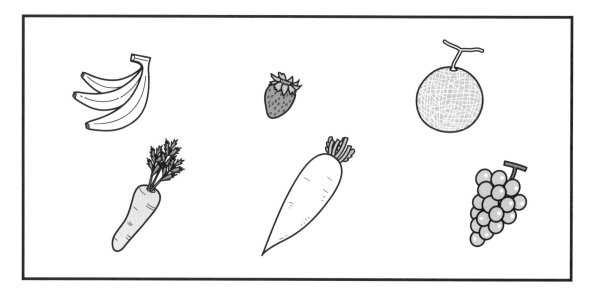

1 — B

2

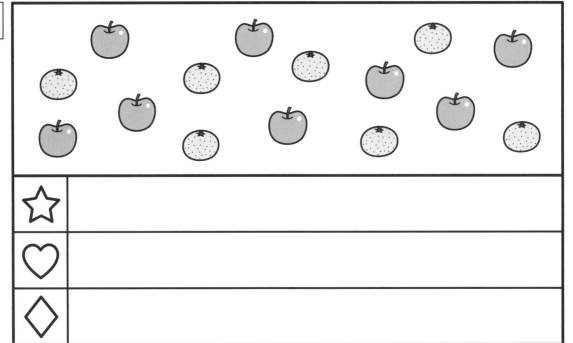

☆	
♡	
◇	

3

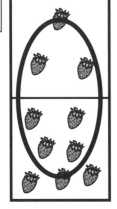

4

5

6

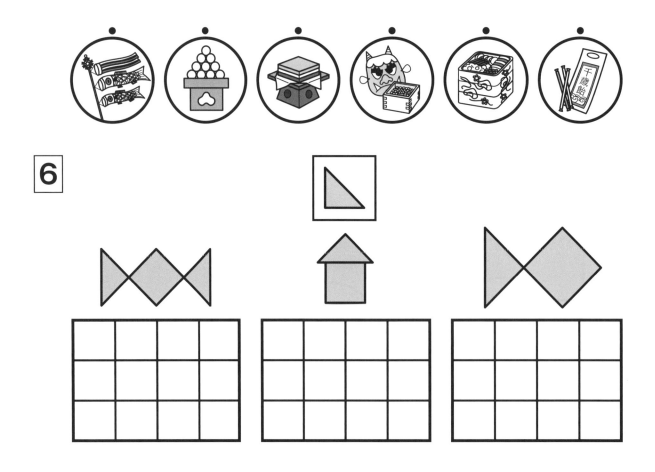

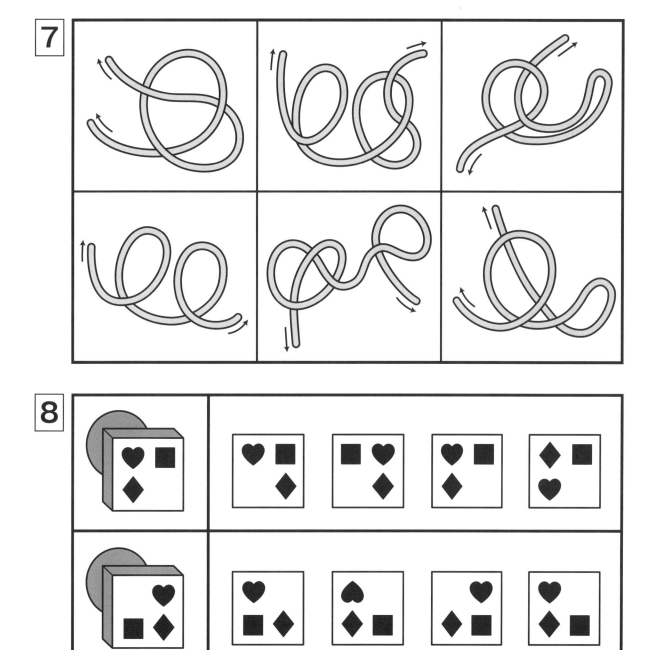

9

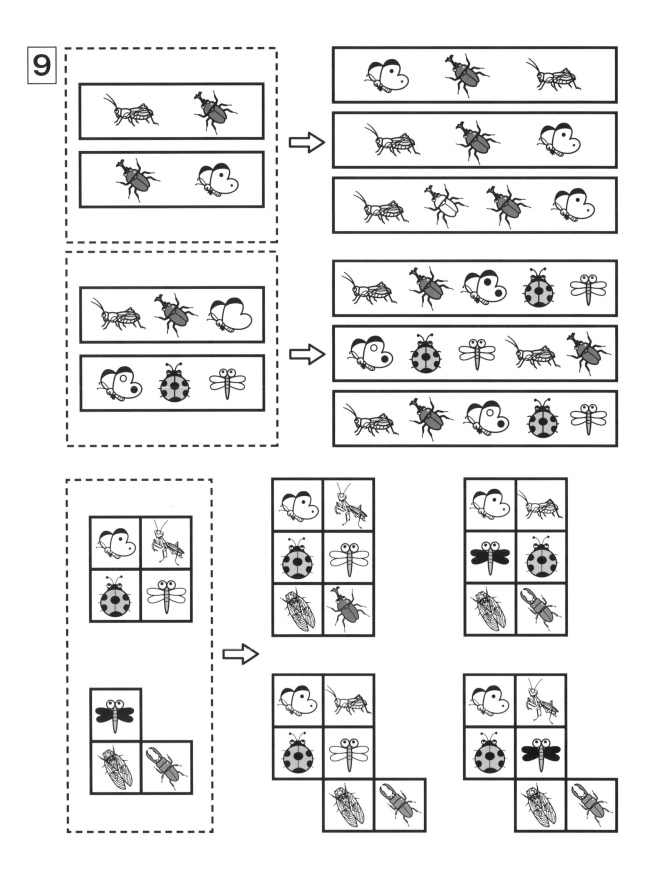

10

11

2016 白百合学園小学校入試問題

■ 選抜方法

考査は1日で、決められた受験番号順に9人単位でペーパーテスト、個別テスト、集団テストを行う。所要時間は3時間～3時間30分。考査日前の指定日時に親子面接がある。

■ ペーパーテスト

筆記用具は青のクーピーペンを使用し、訂正方法は×（バツ印）。出題方法は音声。

1 話の記憶

プリントの地図を見ながらお話を聴く。

「動物たちが公園で一緒に遊ぶお約束をしました。学校の前にあるバス停で待ち合わせです。パンダさん、クマさん、ウサギさんの3匹がバス停まで歩いていくと、バス停にはタヌキさん、キツネさんがもう来て待っていました。バスが来たのでみんなで乗りました。バスに乗ってすぐの角を右に曲がり、その次の角をまた右に曲がりました。その先の角を左に曲がり、少し行ったところのバス停で降りて公園に行きました。最初に遊んだのはすべり台です。順番を決めて、最初はパンダさんがすべり、最後にタヌキさんがすべりました。たくさんすべっておなかがすいたので、みんなでお弁当を食べることにしました。大きいレジャーシートには3匹、小さいレジャーシートには2匹座りました。キツネさんのお弁当にはおにぎりと玉子焼き、から揚げ、ブロッコリー、トマトが入っていました。『キツネさんのお弁当、とてもおいしそうだね』とみんなは言いました。お弁当を食べた後は、オニごっこをして遊びました。帰る時間になりました。パンダさんは用事があったので、バスには乗らずに歩いて帰りました。クマさん、ウサギさん、タヌキさん、キツネさんはバスに乗って帰りました」

・みんなは公園で何をして遊びましたか。合うものに○をつけましょう。

・キツネさんのお弁当には何が入っていましたか。入っていたもの全部に○をつけましょう。

・大きいレジャーシートに座った動物の数だけハートのところに○をかきましょう。小さいレジャーシートに座った動物の数だけ星のところに○をかいてください。

・用事があってバスに乗らなかった動物に○をつけましょう。

・動物たちが降りたバス停に○をつけましょう。

2 話の理解

「僕は半ズボンに長袖のシャツを着て、隣にはワンピースを着た女の子がいます。わたしは、かかとの高い靴を履いた三つ編みの女の子の右手の方にいます」

・僕に△、わたしに○をつけましょう。

3 数　量

ジャンケンで勝つとドングリを2個、あいこのときはドングリを1個もらえますが、負けるともらえません。

・上の絵を見ましょう。女の子とお母さんがジャンケンをしました。女の子は何個ドングリをもらいましたか。その数だけ女の子の絵の横の長四角に○をかきましょう。

・最初ドングリが10個ありました。先ほどの上の絵のようにジャンケンをして女の子とお母さんがもらった後、残りをお父さんにあげました。お父さんは何個もらいましたか。その数だけお父さんの絵の横の長四角に○をかきましょう。

・今度は、女の子とお父さんが下の絵のようにジャンケンをしました。2人とも初めはドングリを持っていませんでした。お父さんが持っているドングリの数を7個にするためには、あと何回勝てばよいですか。その数だけ右の長四角に○をかきましょう。

4 常識（数詞）

・上と下の絵で同じ数え方をするものを探して、点と点を線で結びましょう。

5 常識（生活）

・上に描いてあるものをしまう場所を下から選んで、点と点を線で結びましょう。

6 常　識

今からするお話に合うものを選んで○をつけましょう。

・わたしはご飯と仲よしです。ご飯をお茶わんによそうものです。わたしに○をつけましょう。

・わたしは飛べます。子どものころは水の中で過ごしていました。わたしに○をつけましょう。

・わたしはサイレンを鳴らして病院によく行く車です。わたしに○をつけましょう。

7 系列完成

・形が決まりよく並んでいるとき、上に小さい丸がついているところが正しければそのままにし、違っていたら正しいものを右から選んで○をつけましょう。

・どのような決まりで並んでいるかを考えて、色がついていない形に正しく色を塗りましょう。

8 観察力

・左のお手本を見ましょう。順番に3つ形が並んでいます。右の四角の中でこの順番に形が並んでいるところを探して、長四角で囲みましょう。縦でも横でもよいですよ。

9 構　成

・左の形を作るのに、右の長四角からいらないものを選び、○をつけましょう。

10 観察力

・左の男の子と右の女の子の絵を見て、違うところに×をつけましょう。印は左の男の子につけてください。

11 言　語

・左上の小さい四角の中に描いてあるものの名前の音を1つだけ変えると、それぞれの四角の中のどれかの名前になります。その絵を選んで○をつけましょう。

・矢印から矢印まで、四角の中の絵がしりとりでつながるように、線をかきましょう。縦と横には進めますが、斜めには進めません。同じところを何度も通ることもできません。

12 点図形

・それぞれ左のお手本と同じになるように、右にかきましょう。

▌ 個別テスト ▌

13 位置・記憶

海の生き物が描いてあるマンションの絵を見せた後（約20秒）隠し、下の台紙を見せる。

・カニがいたところに○をかきましょう。

・イカがいたところに△をかきましょう。

14 言　語

・「かく」ことをしている様子の絵に○をつけましょう。

・「とる」ことをしている様子の絵に△をつけましょう。

15 常識（昔話）

・「一寸法師」のお話に出てくるものに、おはじきを置きましょう。

・「シンデレラ」のお話で馬車になったものに、おはじきを置きましょう。

・おばあさんのふりをして赤ずきんちゃんを食べたのはどの動物ですか。おはじきを置きましょう。

16 常 識

・あなたがお母さんと一緒にすることで楽しいと思うことに、おはじきを置きましょう。おはじきは3個まで使ってよいですよ（「お家ですることで楽しいと思うことにおはじきを置きましょう」という質問のグループもあった）。

17 推理・思考（絵の順番）

4枚の絵カードを示される。

・女の人がお財布を落としました。この後どうなるか考えて、絵カードをお話の順番に並べましょう。

▬ 巧緻性

お手本（タコ糸にピンク、ピンク、白、キラキラピンク、キラキラピンク、キラキラ白の順番でビーズが通してある）、タコ糸1本、ピンク、白、キラキラピンク、キラキラ白の4種のビーズが用意されている。

・タコ糸に、お手本と同じ順番にできるだけたくさんビーズを通しましょう。

18 言語・表現力

女の子の服が変化した絵、塗り絵用の台紙、ペールオレンジ、ピンク、茶色、紫、水色のクーピーペンが用意されている。

・どうして女の子は洋服からドレスになったと思いますか。お話ししましょう。

・あなただったら、ドレスを着てどこへ行きたいですか。先生に教えてください。

・クーピーペンを使って下の女の子のドレスをすてきにしてあげてください。

▬ 指示行動

次のような音声による説明の後、テスターがやり方の手本を示す。その後、音声出題に従って動く。

・赤いテープの上に立ってください。「白」と言われたら白のフープの中でしゃがみ、「赤」と言われたら赤のフープの中で気をつけをし、「青」と言われたら青のフープの中でジャンプをしましょう。

▬ 指示行動・生活習慣

テスターから傘を渡される。

・傘を開いて、くるりと回ってかわいいポーズをしましょう。終わったら先生に傘を返し

てください。

集団テスト

🔲 行動観察

在校生が読んでくれる絵本や紙芝居を聴く。

🔲 自由遊び

折り紙のコーナーやあやとりのコーナーで自由に遊ぶ。

親 子 面 接

本 人

・お名前と幼稚園（保育園）の名前を教えてください。
・幼稚園（保育園）のクラスの名前は何ですか。ほかにどのようなクラスがありますか。
・幼稚園（保育園）の担任の先生の名前を教えてください。
・幼稚園（保育園）で何をして遊ぶのが好きですか。誰と一緒に遊びますか。
・お家でどのようなお手伝いをしていますか。お手伝いをするとき、どのようなことに注意していますか。
・大人になったら何になりたいですか。それはどうしてですか。
・お母さんの作るお料理で好きなものは何ですか。
・最近どこに遊びに行きましたか。どのようなことをして、何を食べましたか。
・幼稚園（保育園）の運動会は何が楽しかったですか。
・夏はどこに旅行に行きましたか。何を食べましたか。何が楽しかったですか。
・きょうだいとはけんかをしますか。どんなことでしますか。そのときどうしますか。
・きょうだいと何をして遊びますか。
・お父さんと何をして遊びますか。
・宝物はありますか。

父 親

・お子さんが答える様子を見て、どう思われましたか。
・志望動機をお聞かせください。
・本校に希望することは何ですか。
・どのようなお子さんですか。

・お子さんには本校で何を学んでほしいですか。
・説明会、見学会の感想をお聞かせください。
・在校生をご覧になってどのように思われましたか。
・お仕事についてお聞かせください。
・お仕事をするうえでの信条は何ですか。
・忙しい中で、お子さんとは普段どのようにかかわっていますか。
・お子さんとかかわるとき、どのようなことに注意していますか。
・夕食はご家族一緒にとれていますか。
・お子さんの名前の由来を教えてください。
・お子さんの長所、伸ばしてほしいことは何ですか。伸ばしてほしいことに対してどのようなサポートをしていかれますか。
・お子さんのアピールできるところはどのようなところですか。
・お子さんについて、「ここはもう少し頑張ってほしい」と思うところはどこですか。
・お子さんには短所はありますか。その短所にどのように対応していますか。
・最近お子さんが成長したと思うことは何ですか。
・上のお子さんと違う学校を選ばれたのはなぜですか。

母 親

・お仕事内容と勤務形態についてお聞かせください。
・お仕事と育児はどのように両立されていますか。
・ご自身の人生で、最も影響を受けた人は誰ですか。
・お子さんとの時間はどのようにとっていますか。
・お子さんにどのように成長してほしいと思いますか。
・お子さんの健康状態はいかがですか。
・お子さんにはどのような女性に育ってほしいですか。
・男の子と女の子の育て方は、どのようなところが違うと思いますか。
・幼稚園（保育園）の先生には、どのようなお子さんだと言われていますか。
・学校で何か問題が起こったとき、どのように対応されますか。
・お子さんに絵本の読み聞かせをしていますか。
・子育てで苦労したことは何ですか。
・育児をサポートしてくれる人はいますか。
・育児に関してどなたか相談できる人はいますか。

1

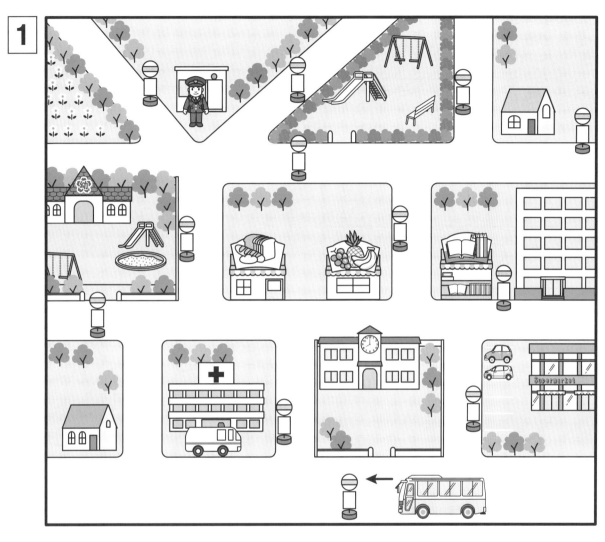

2

3

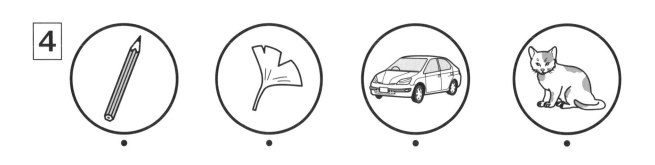

4

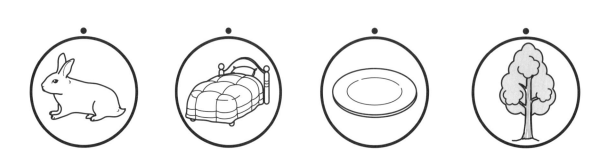

2016

5

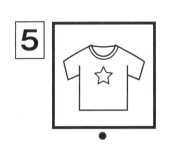 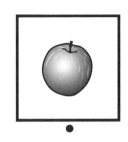  

  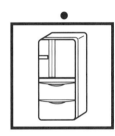 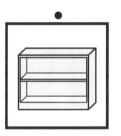

6

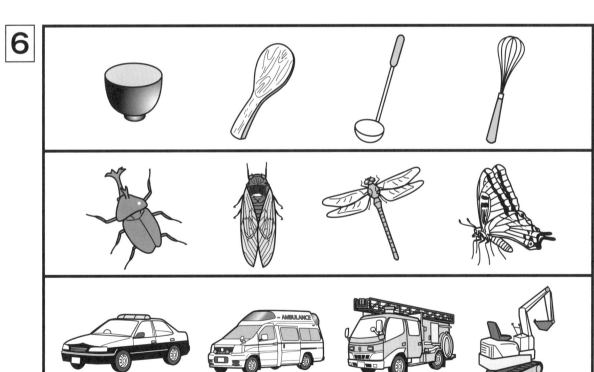

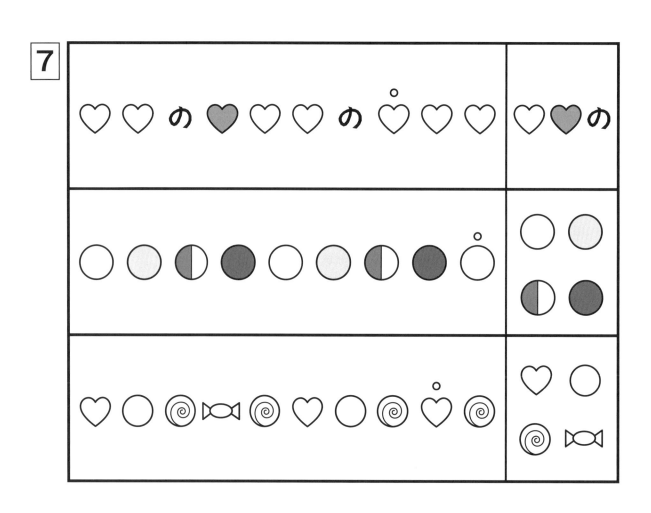

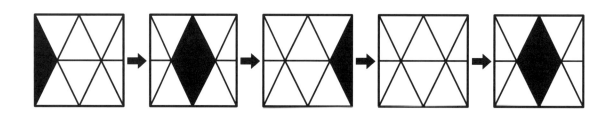

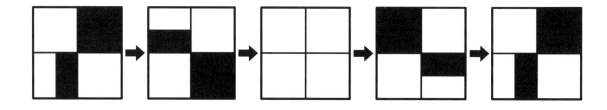

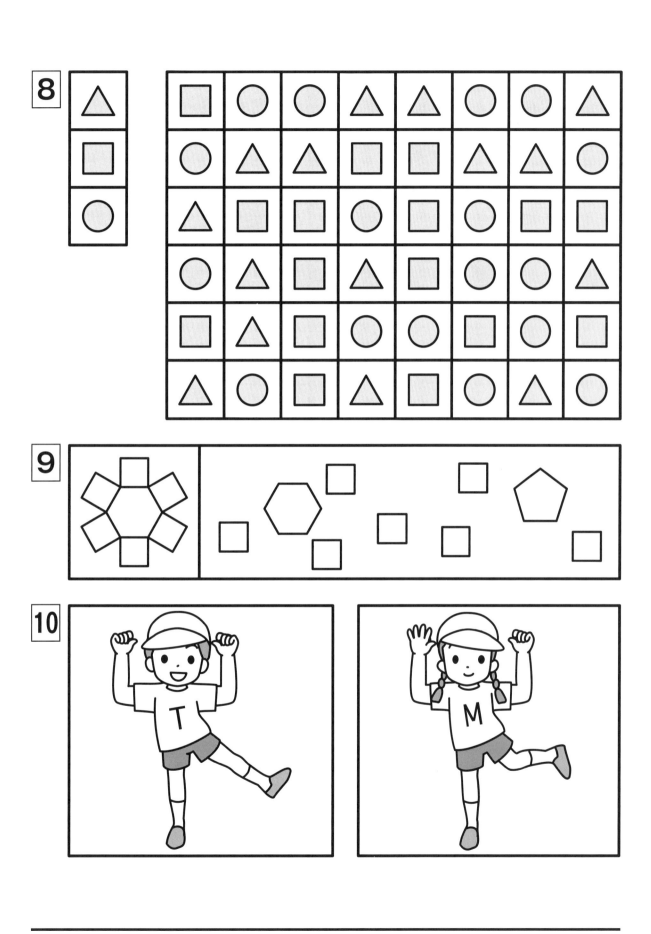

11

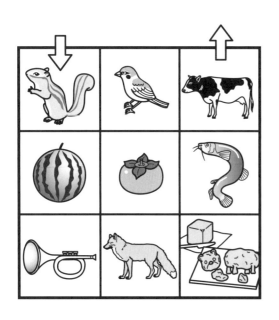

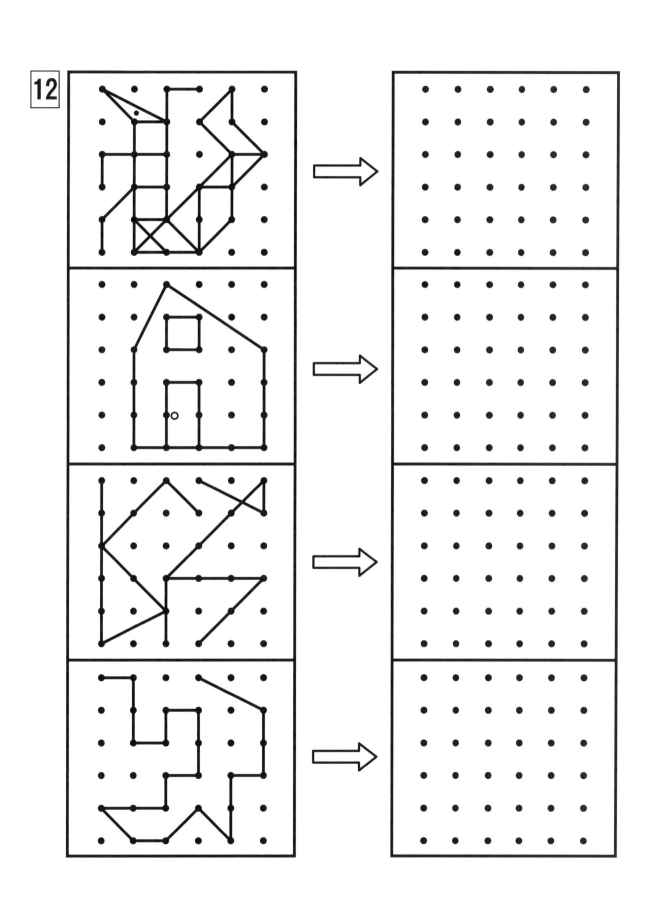

18

2016

2015 白百合学園小学校入試問題

■ 選抜方法

考査は1日で、願書受付順で決められた受験番号順に約10人単位でペーパーテスト、個別テスト、集団テストを行う。所要時間は3時間30分～4時間。考査日前の指定日時に親子面接がある。

┃ペーパーテスト┃

筆記用具は青のクーピーペンを使用し、訂正方法は×（バツ印）。出題方法は音声。

1 話の記憶

クーピーペンが何色か用意されている。

「今日、ウサギさんはお友達と一緒に遊園地に行きます。ウサギさんは緑のリュックサックを背負い、赤い水筒を持ってお家を出ました。駅でタヌキさんと会い、一緒に電車で遊園地に向かいました。電車は三角の模様がついている丸い窓の黄色い電車でした。ウサギさんとタヌキさんは『昨日は風と雨がすごかったね』、『今日は晴れてよかったね』とお話をしています。遊園地は5つ先の駅にあります。駅に着くとウサギさんたちは遊園地の門をくぐり真っすぐ進みました。今度はキツネさん、リスさんと待ち合わせです。2番目の角を左に曲がったところのサクラとベンチのある四つ角がキツネさんとリスさんとの待ち合わせ場所です。みんながそろったので、水色のメリーゴーラウンドに乗ろうとしましたが混んでいて乗れませんでした。ほかのもので遊んだ後、3番目にメリーゴーラウンドに乗りました。おなかがすいたみんなはお弁当を食べようと広場に行きました。するとネズミさんとサルさんがサッカーをしていたので、一緒にお弁当を食べて帰りました」

A
・昨日のお天気はどれですか。上の段の左の四角の中から選んで○をつけましょう。

・今日のお天気はどれですか。上の段の右の四角の中から選んで○をつけましょう。

・真ん中の段です。電車に乗った動物に○をつけましょう。

・下の段です。キツネさんとリスさんとの待ち合わせ場所はどこでしたか。四角の中に○をかきましょう。

B
・電車の模様はどのような形でしたか。上の段の電車の横の四角に形をかきましょう。

・電車は何色でしたか。その色のクーピーペンで上の段の右側にある丸の中を塗りましょう。

・遊園地はいくつ目の駅でしたか。その数だけ観覧車の横のマス目に1つずつ○をかきましょう。

- メリーゴーラウンドは何番目に乗りましたか。その数だけメリーゴーラウンドの横のマス目に1つずつ○をかきましょう。
- お話に出てきた動物は何匹でしたか。その数だけ4段目のマス目に1つずつ○をかきましょう。
- ウサギさんのリュックサックと同じ色のものを、下の段の上の四角の中から選んで○をつけましょう。
- ウサギさんの水筒と同じ色のものを、下の段の下の四角の中から選んで○をつけましょう。

2 数 量

- 左側の星印がついた四角の中がお約束です。大きなペットボトルはコップ3杯分、小さなペットボトルはコップ2杯分です。では、上の段の左に描かれた数だけペットボトルがあったとき、コップ何杯分になりますか。その数だけ右の四角の中のコップに1つずつ○をつけましょう。
- 上の段で○をつけたコップを2人で分けると1人分は何杯になりますか。その数だけ下の段のマス目に1つずつ○をかきましょう。

3 数 量

- サイコロが矢印の向きに進んでいくと、その先のサイコロの目は1つ増えるお約束です。では、空いている四角に入るサイコロの目はいくつですか。その数だけ黒丸（サイコロの目）をかきましょう。

4 推理・思考（回転図形）

- 左端の形が右に1回ずつコトンコトンと倒れていく様子がかいてあります。右の2つの形の印はどうなりますか。印をかき足しましょう。

5 推理・思考（重さ比べ）

- 左側のシーソーの絵を見て、右側の四角の中で一番重いものに○をつけましょう。

6 推理・思考（マジックボックス）

- 上の長四角の中がお約束です。丸いトンネルを通ると形は半分になり、四角のトンネルを通ると元の形と同じ分だけ大きくなります。では、下の左の形はそれぞれトンネルを通ると、どのような形になりますか。右から選んで○をつけましょう。2段ともやりましょう。

7 推理・思考（重ね図形）

・左の四角に、透明な紙にかかれた2枚の形があります。2枚をそのまま重ねるとどのような形になりますか。右から選んで○をつけましょう。

8 推理・思考

・砂の上に左の四角の中の積み木を置いて矢印の方向に引くと、砂にはどのような模様ができますか。右から選んで○をつけましょう。

9 常　識

・上の果物や野菜を切るとどのようになりますか。下から選んで点と点を線で結びましょう。

10 言　語

・「きる」ことをしている絵に○をつけましょう。

11 観察力（異図形発見）

・それぞれの段で1つだけ違うものに○をつけましょう。

個別テスト

12 絵の記憶

・（上の絵を見せた後、隠す）今見た絵に描いてあった人たちの着ていたものや持っていたものを下から選び、点と点を線で結びましょう。

13 常識・言語

6枚の絵カードが用意されている。
・あなたが朝使うもののカードを3枚選んで、何をするときにどのように使うのか、お話ししましょう。

14 推理・思考

おはじきでマス目に列を作る。列は縦、横、斜めのいずれでもよい。
・左です。おはじきを1個使って、1列できるように置きましょう。
・真ん中です。おはじきを1個使って、2列できるように置きましょう。
・右です。おはじきを2個使って、3列できるように置きましょう。

15 言語（しりとり）

・左の四角の中の絵をしりとりでつなげたとき、2番目になるものにおはじきを置きましょう。

・右の四角の中の絵をしりとりでつなげたとき、3番目になるものにおはじきを置きましょう。

制作・身体表現

アルミホイルが用意されている。

・アルミホイルを使って台所にあるものを作りましょう。

・何を作ったかお話をしてください。作ったものを使っている様子をまねしてください。

制作・言語

赤、オレンジ色、黄色、緑、ピンク、茶色などのお花紙が用意されている。

・ここにあるお花紙を使って、お弁当のおかずを作りましょう。ただし、ちぎってはいけません。

・(作り終わった後) 何を作りましたか。お話ししてください。

指示行動

床の上に丸いスペースが用意されており、その中に立つ。音声を聞いて行う。

・笛が鳴ったら片足で立ち、太鼓が鳴ったらその場で足踏み、トライアングルが鳴ったらその場でスキップ、鈴が鳴ったらうれしい気持ちを表す動作、シンバルが鳴ったら両手を上げるお約束です。では、流れてくる音を聞いてお約束通りの動きをしましょう。

集団テスト

行動観察

在校生が読んでくれる紙芝居を半円状に並べられたいすに座って聴く。

自由遊び

折り紙、あやとり、紙芝居、絵本が置いてある。それらを使って自由に遊ぶ。

親 子 面 接

本 人

・お名前と幼稚園 (保育園) の名前を教えてください。

・幼稚園（保育園）では何をするのが好きですか。

・お父さんとは何をして遊びますか（回答に応じて発展）。

・お母さんとは何をして遊びますか（回答に応じて発展）。

・本は好きですか。それはどうしてですか。

・お手伝いはしますか。何をしますか。

・どんなテレビ番組を見ますか。どんなところが好きですか。

父　親

・志望理由について簡潔にお話しください。

・お仕事などお忙しい中でどのようにお子さんとかかわっていますか。

・お子さんとのコミュニケーションはどのように取っていますか。

・今日のお子さんの様子を見てどう思いますか。

・ご自身の経験を通してお子さんに伝えたいことは何ですか。

母　親

・今日のお子さんの様子を見てどう思いますか。

・女子校を選ばれた理由をお聞かせください。

・女子だけの環境をどのように思っておられますか。

・幼稚園（保育園）の先生からお子さんはどのような様子だと聞いていますか。

・子育てで気をつけている点は何ですか。

・（仕事をしている場合）お仕事をされているようですが、ご主人はどのようなサポート
　をしてくれますか。

・近くにサポートしてくれる人はいますか。

面接資料／アンケート

出願後、面接資料が郵送され、面接当日に持参する。下記のような記入項目があり、本人写真と家族写真を貼付する。

①本人氏名、生年月日、現住所、電話番号。

②保護者氏名、続柄、緊急連絡先。

③家から学校までの通学経路（所要時間）。

④在園する幼稚園（保育園）名、在園期間。

⑤家族状況。

⑥本校志望理由。

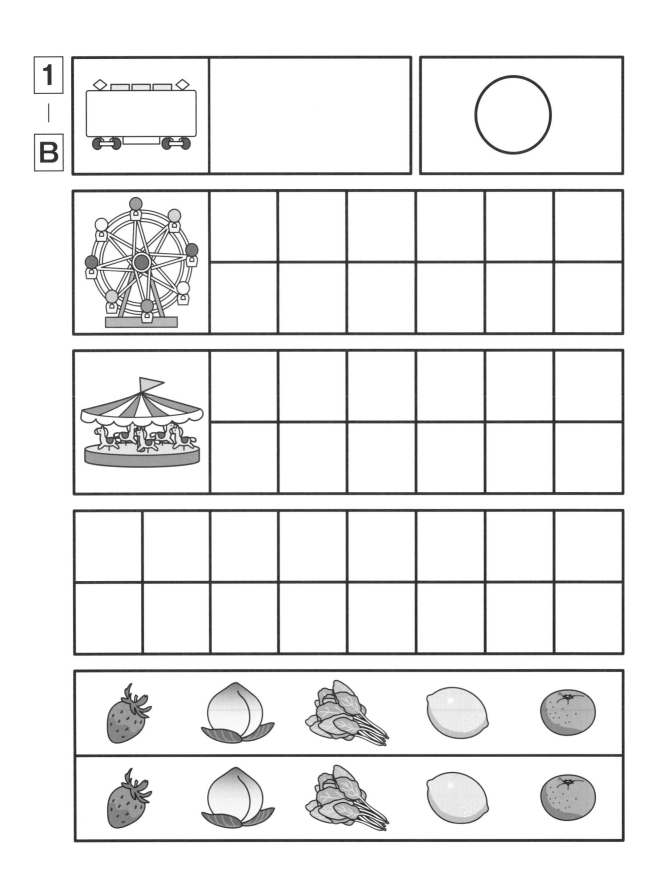

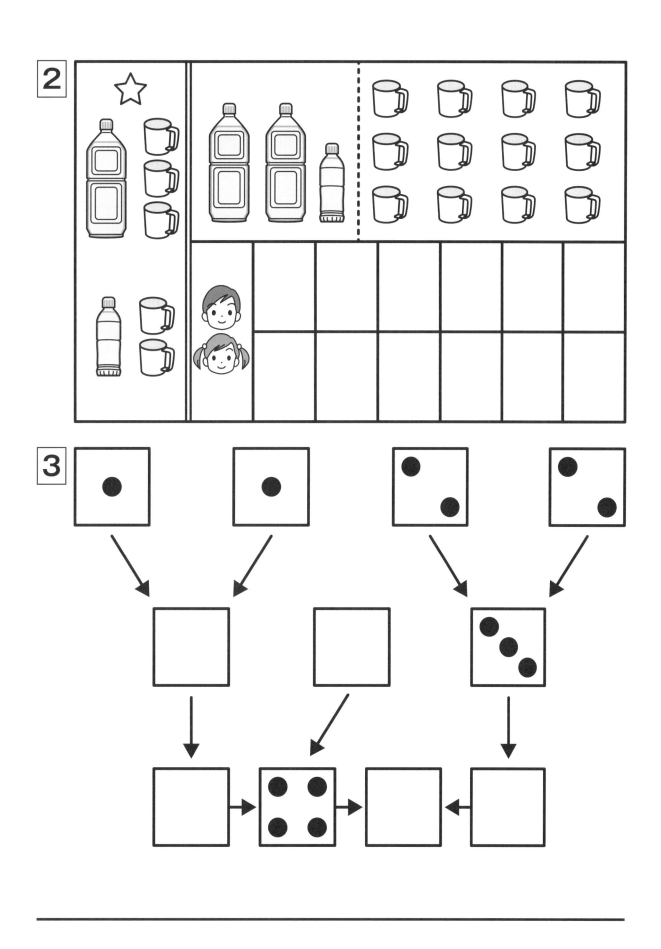

4

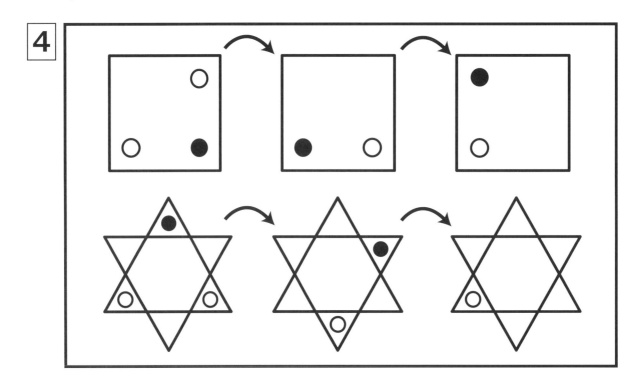

5

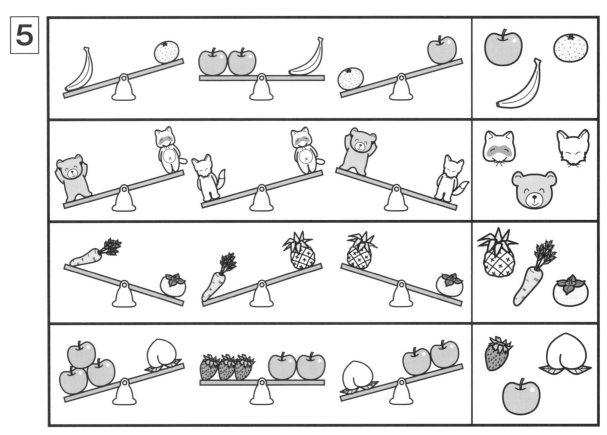

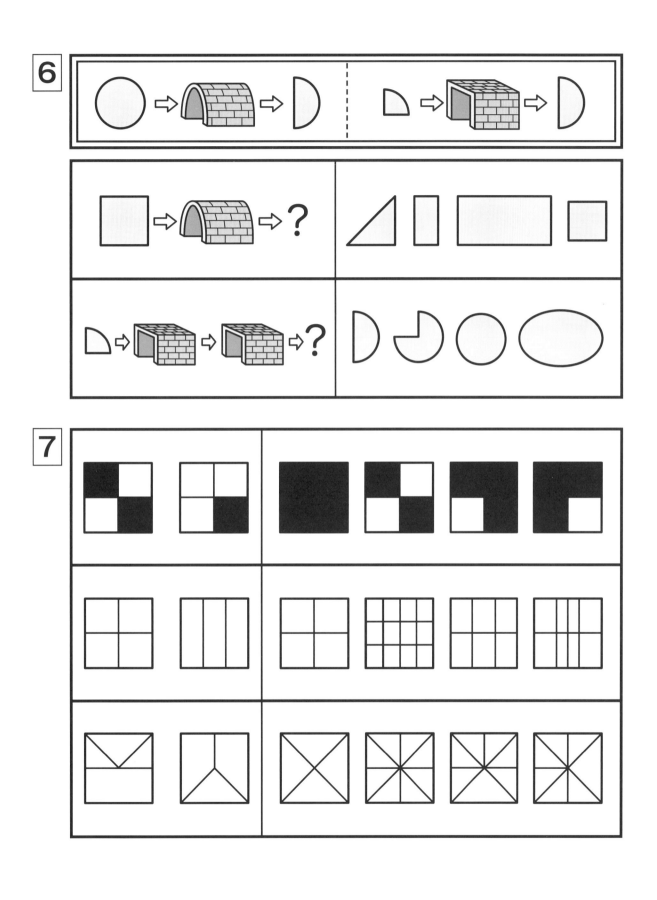

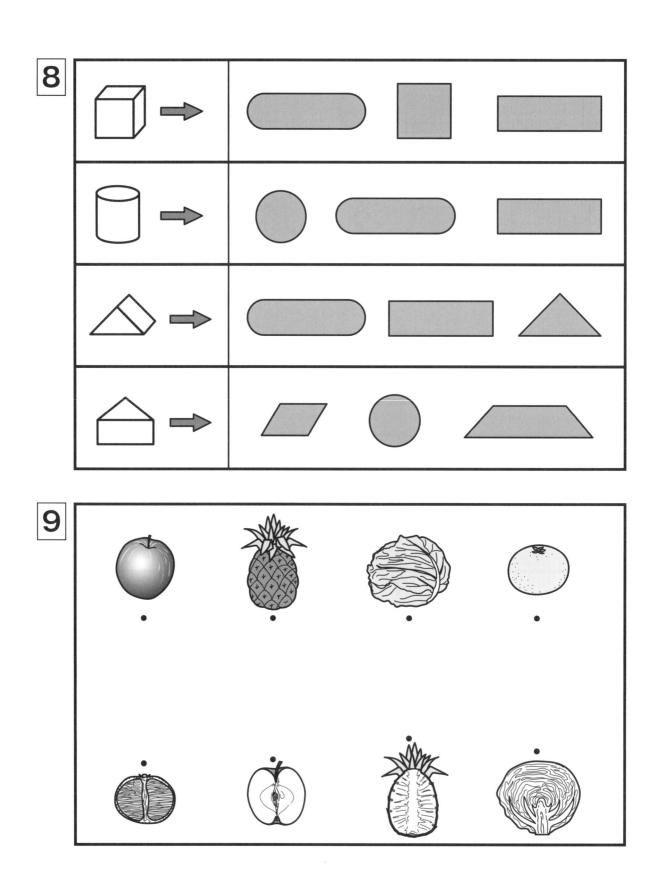

10

11

2015

2014 白百合学園小学校入試問題

■ 選抜方法

考査は1日で、願書受付順で決められた受験番号順に約10人単位でペーパーテスト、個別テスト、集団テストを行う。所要時間は3時間30分〜4時間。考査日前の指定日時に親子面接がある。

┃ ペーパーテスト ┃ 筆記用具は青のクーピーペンを使用し、訂正方法は×（バツ印）。出題方法は音声。

1 構 成

・左側の四角の中にある棒を全部使って作ったものはどれでしょう。できる形を右側の四角から選んで○をつけましょう。

2 推理・思考（四方図）

・机の上の積み木の間に球を置きました。それぞれの動物からどのように見えますか。下から選んで動物の顔と見える形の点と点を線で結びましょう。

3 話の記憶

「お天気のよいある日、ゆりかちゃんはお友達のえみちゃんと一緒に公園で遊ぶお約束をしました。女の子の顔が描いてあるのがゆりかちゃんのお家です。えみちゃんは、ゆりかちゃんのお家の道路を挟んだちょうど向かい側に住んでいます。2人は公園入口の右にある木の前で待ち合わせをしました。えみちゃんは『先に行っているね』と言いました。ゆりかちゃんがお家を出て右に曲がり、1つ目の角を右に曲がって真っすぐに歩き、四つ角をちょっと過ぎるとすぐ左側に公園があります。えみちゃんは大きな木のところで待っていました。公園ではミーンミーンとうるさいくらいセミが鳴いていて、花壇にはヒマワリが咲いています。ゆりかちゃんとえみちゃんが公園に入ると、たろう君とあきら君が砂場で遊んでいました。2人は泥だんごを3つずつ作り、黄色いバケツに入れていました。ゆりかちゃんが『楽しそうね。一緒に遊ぼう』と言うと、あきら君は『今は2人で遊んでいるからだめ』と言いました。ゆりかちゃんとえみちゃんは悲しい気持ちになりましたが、ブランコで遊ぶことにしました。2人がブランコで遊んでいると、あきら君の弟のけんじ君がやって来て、一緒にブランコで遊びました。次にシーソーで遊ぼうとしましたが、ほかのお友達が使っていたので、すべり台で遊ぶことにしました。ところが、すべり台の階段でえみちゃんが転んでしまいました。すると、『だいじょうぶ？ さっきはごめんね』とあきら君が砂場の方から走ってきました。最後はみんなでジャングルジムで遊びました。

夕方になるとお母さんたちが迎えに来てみんなはお家に帰りました」

A
・上の地図を見てください。お話に出てきたえみちゃんのお家はどれですか。お家の下の四角に○をかきましょう。
・同じ地図の中で遊びに行った公園のあった場所に△をかきましょう。印は地図の四角の中にかきましょう。

B
・下は公園の絵です。ゆりかちゃんとえみちゃんが待ち合わせをした場所に○、えみちゃんが転んでしまった場所に△を、四角の中にかきましょう。

C
・次のページです。たろう君とあきら君が作った泥だんごを合わせた数だけ、砂山の隣の長四角に○をかきましょう。
・ブランコは何人で遊びましたか。その数だけブランコの絵の横の長四角に○をかきましょう。
・その下にいろいろなものが描いてあります。お話に出てきたバケツの色と同じ色のものに○、お話の季節と仲よしのもの全部に△をつけましょう。

4 常識（道徳）

・公園で遊んでいる子どもたちの中で、いけないことをしていると思う子に○をつけましょう。

5 構　成

・左端の形と同じ形を作るには、そのすぐ隣の形と右側のどの形を合わせればよいですか。右側から正しいものを選んで○をつけましょう。

6 位置・記憶

左側の絵をしばらく見せた後、隠す。
・右側のマス目の中で今アリがいたのと同じ場所全部に○をかきましょう。

7 観察力

・左上の太い線で囲んであるところがお手本です。動物がお手本と同じ並び方をしているところを全部見つけて同じように線で囲みましょう。

個別テスト

机の上にクーピーペン（赤、青、黒、黄色）が置いてあり、指示された色を使う。

📖 言語（しりとり）

テスターがドレス、月見、ボール、ピアノなど、たくさんある絵カードの中から1枚ずつ出す。

- この絵カードから続けてしりとりになるよう、3つの音でできているものを言いましょう（3回くらい行う）。

8 指示行動・言語

- 台紙の中から好きな花が描いてある絵を4枚選んで、おはじきを置きましょう。
- 今おはじきを置いた絵と同じカードを向こうの机から1回で取ってきましょう。
- 持ってきた花のカードを好きなように2つに分けて花束を作りましょう。
- その花を誰にあげたいですか。またその理由をお話ししましょう。

9 推理・思考（折り図形）

- 左側の四角を見ましょう。丸と星がピッタリくっつくにはどのように折ればよいですか。折ったときにできると思う線を赤のクーピーペンでかきましょう。
- 同じ四角です。星と三角がくっつくにはどこで折ればよいですか。青いクーピーペンで線をかきましょう。
- （テスターがお手本のように折り紙を折って見せる）今、2回目に折ったところにはどのような線ができますか。その下の四角に青いクーピーペンで線をかきましょう。

10 常識（注意力）

四角の中の黒丸と白丸は、音を表しています。高いところの黒丸は高い音、低いところの黒丸は低い音、白丸は詰まった音のことです。今から音を聞いて、音と合っている丸が描いてある四角におはじきを置きましょう。

- 上の段。ドミソミレドとピアノの音が鳴る（①）。
- 真ん中の段。ソミドミソソとピアノの音が鳴る（②）。
- 下の段。タッタタンタッタタンと鳴る（③）。

11 絵の記憶

※カラーで出題。絵の中の指示通りに線を色でなぞってから行ってください。
左のお手本を見せた後、隠す。

・さっき見たお手本と同じになるように、同じ色で足りないところをかきましょう。

12 数量（進み方）

ピンクと青の紙に描かれたマス目の中をネコとタヌキが下から上へ進んでいきます。一番下のスタートの四角からネコは1回で2マス、タヌキは1回で3マスずつ進むというお約束です。

・ピンクの紙を見てください。ネコとタヌキがスタートから2回進むとネコとタヌキはそれぞれ、どのマス目にいるでしょうか。ネコとタヌキが正しいマス目にいる絵を選び、下のスタートの四角におはじきを置きましょう。

・今の続きでその後、1回進むとどのようになりますか。青の紙からネコとタヌキが正しいマス目にいる絵を選び、下のスタートの四角におはじきを置きましょう。

生活習慣

机の上に、塗りばし、平皿に載った約10個のサイコロ、移し入れる容器とそのふたがある。

・お皿の上のサイコロをおはしで容器に移しましょう。「やめ」と言われたら、容器のふたを閉めましょう。

指示行動

・「やめ」と言われるまで足ジャンケンでグーチョキパーをしましょう。
・先生と同じものを出しましょう。
・先生に勝つものを出しましょう。
・先生に負けるものを出しましょう。

集団テスト

行動観察

在校生が読んでくれる紙芝居を半円状に並べられたいすに座って聴く。

自由遊び

折り紙、あやとり、紙芝居、絵本が置いてある。それらを使って自由に遊ぶ。

親 子 面 接

本 人

・お名前、幼稚園（保育園）の名前、クラスの名前を教えてください。

・幼稚園（保育園）のお友達の名前を教えてください。

・幼稚園（保育園）で何をして遊ぶのが好きですか。

・嫌いな食べ物が出てきたらどうしますか。

・朝のあいさつの後は何をしますか。

・大きくなったら何になりたいですか。そのために頑張っていることはありますか。

・生き物や植物を育てていますか。

・どんなお手伝いをしますか（コツを教えてください）。

・どんな絵本が好きですか（どんなお話ですか）。

・お父さんやお母さんにしかられるときはどんなときですか。

・お父さんやお母さんにほめられるときはどんなときですか。

・お父さんと何をして遊びますか。

・幼稚園（保育園）には誰がお迎えに来てくれますか。お迎えに来てもらったときどう思いますか。

父　親

・数ある私学の中で本校を選んだ理由を教えてください。

・カトリック教育についてどのようにお考えですか。

・家庭の中で父親としてお子さんに対して気をつけていること、心掛けていることは何ですか。

・お子さんとは日ごろどのように接していますか。

・ご自身が大切にしていることでお子さんに伝えていきたいことは何ですか。

・どのようなお子さんですか。

・お子さんの成長を感じるのはどのようなときですか。

・勉強に対してどのように取り組むお子さんですか。

・思いやりの気持ちは具体的にどのようにお子さんに教えていますか。

・お子さんにどのような大人になってほしいですか。

・幼稚園（保育園）の行事には参加していますか。

母　親

・幼稚園（保育園）の先生との連携はどのようにされていますか。

・保育参観や園行事には参加されていますか。

・お仕事はどのくらいなさっていますか。

・お仕事をしている中で喜びを感じられることはどのようなことですか。

・お子さんのよいところ、もう少しだな、と思うところはどのようなところですか。

・将来はどのような女性に育ってほしいですか。

・どのようなお子さんか教えてください。

・ご家庭で大切にしている決まりごとは何ですか。

・お子さんにこれだけは守ってほしいと思っていることは何ですか。

・おじいさま、おばあさまと同居されていて教えられることはどんなことですか。

・子育てをするうえで怖かったことは何ですか。

・幼稚園（保育園）はどのような特色がありますか。

・幼稚園（保育園）でどのような様子か、先生から聞いていらっしゃいますか。

・きょうだいは仲がよいですか。

・子育てをしていく中で改善したいと思うことはどんなことですか。

・お子さんと接するときにどのようなことに気をつけていますか。

・子育ての苦労はありましたか。

・母親としてどのようなときにお子さんをほめますか。

・小学生になると現在とは生活時間帯や環境が変わってくると思います。それについてどのようにお考えですか。

面接資料／アンケート 　出願後、面接資料が郵送され、面接当日に持参する。下記のような記入項目があり、本人写真と家族写真を貼付する。

①本人氏名、生年月日、住所、在園する幼稚園（保育園）名。

②保護者氏名、緊急連絡先。

③家から学校までの通学経路（所要時間）。

④家族の氏名、年齢。

⑤本校志望理由。

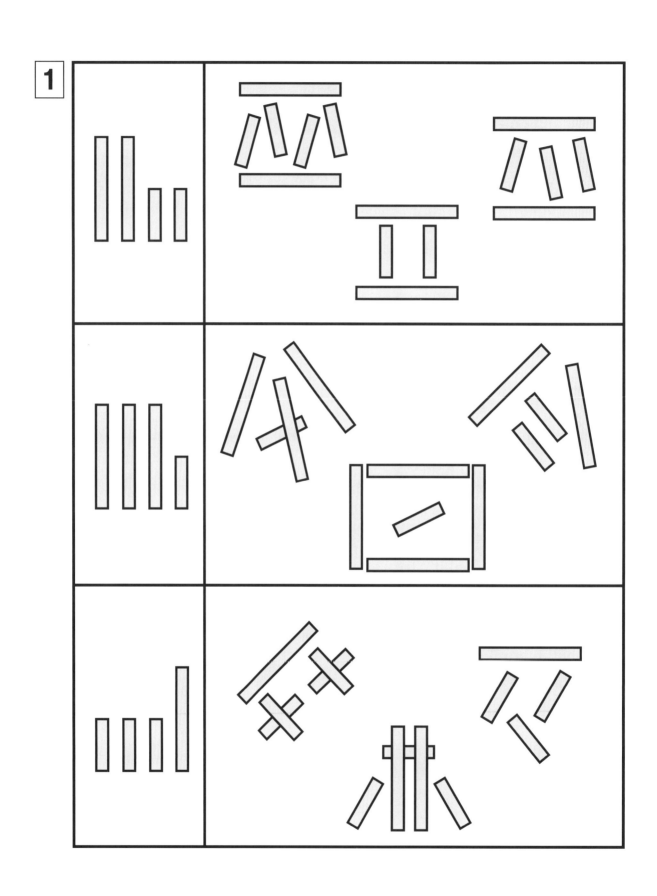

2

3

—

A

B

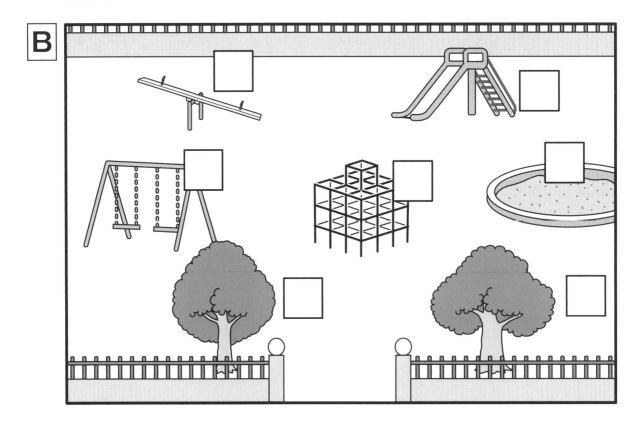

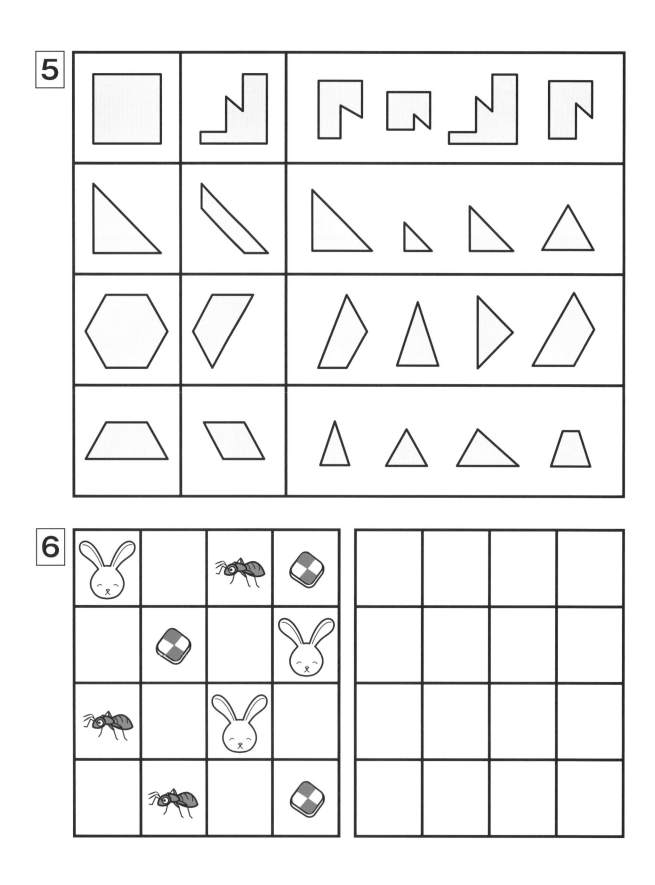

7

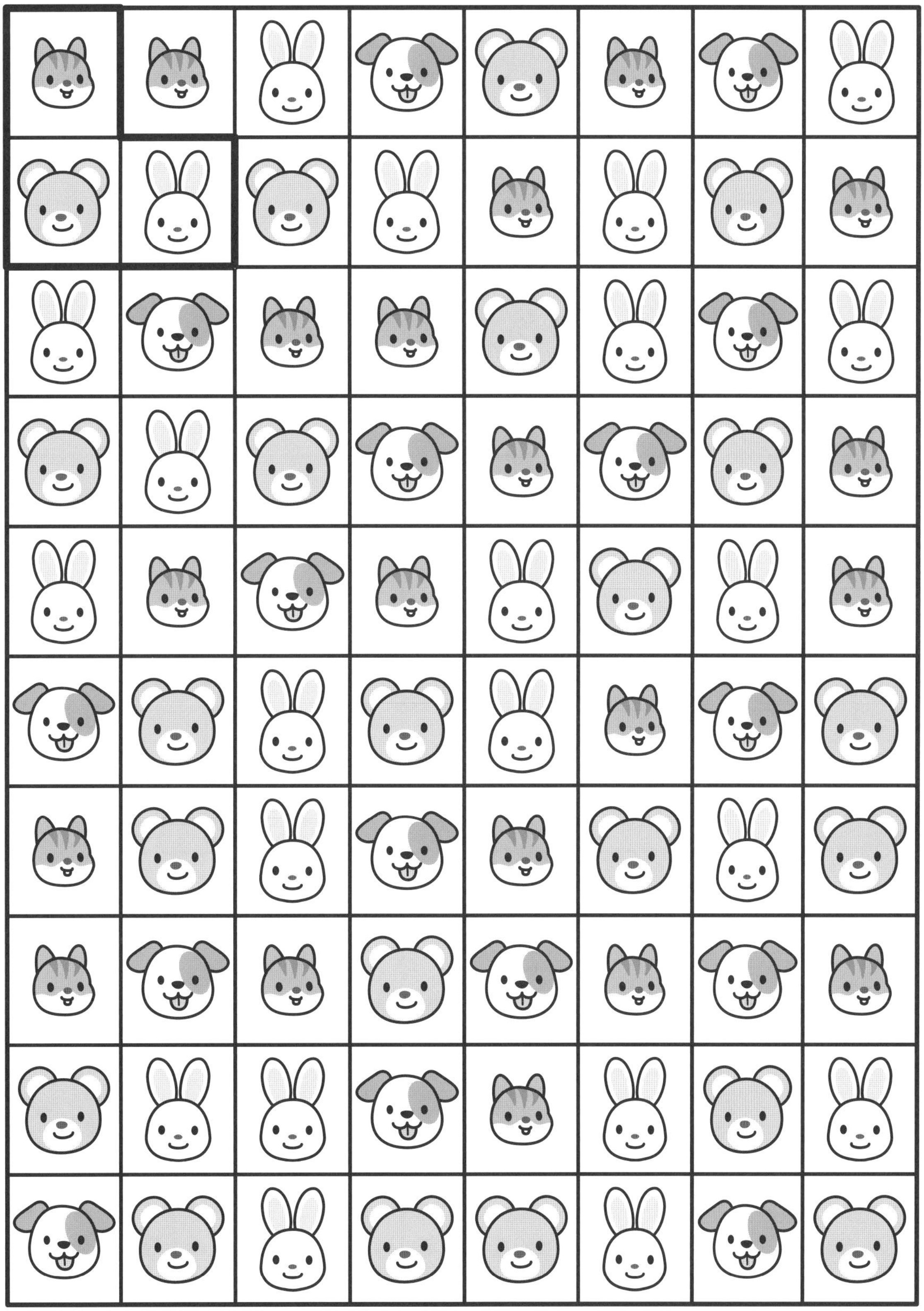

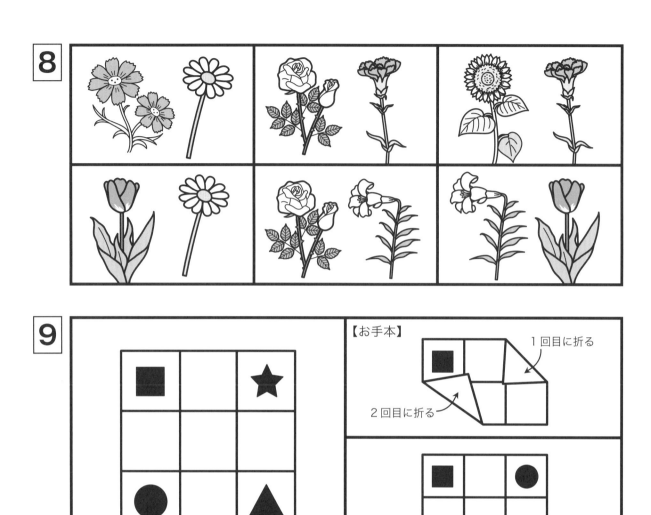

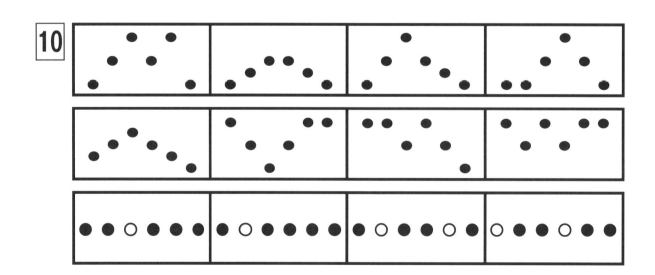

11 【お手本】

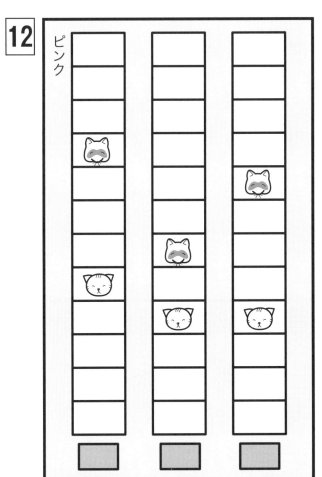

12

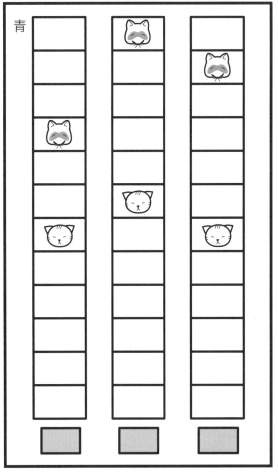

白百合学園小学校
入試シミュレーション

白百合学園小学校入試シミュレーション

1 話の記憶

「お母さんが『今日も雨ね』と言って、2人で外を見ていると、大きな黄色い傘が見えてきて、よく見てみると黒い長靴と緑のレインコートを着たおばあさんでした。わたしは玄関に走って、『いらっしゃい』と言ってドアを開け、お母さんはタオルでぬれた体をふいてあげました。おばあさんは『こんにちは、すごい雨ね』と言ってお土産をくれました。お土産の箱を開けてみると、ドーナツが7個入っていました。お母さんが紅茶を入れてくれて3人で1個ずつ食べました。わたしが『このごろは雨ばかりで、外でなかなか遊べない。雨は大嫌い！』と言うと、『今は梅雨といって、1年中で雨が一番多い時期ですもの。仕方ないわ。そんなに雨を嫌ったら、雨がかわいそうよ。ねえ、おばあさん』とお母さんが言いました。そしておばあさんが、『そうね、雨が多くて嫌かもしれないけれど、もう少しで夏が来ますよ、というお知らせだし、雨が降って喜んでいる生き物や植物がたくさんいるのよ。カエルさんやカタツムリさん、アジサイのお花などは喜んでいるわね。それに農家では、お米の稲が育つ時期だから、雨がとても大切なのよ』と教えてくれました。外で遊べないのは悲しいけれど、雨っていろいろなところで役に立っているんだなと思うと、雨のことが少し好きになりました」

- 1段目です。おばあさんが身に着けていたものはそれぞれ何色でしたか。その色のクレヨンで長靴、傘、レインコートに○をつけましょう。
- 2段目です。ドーナツは初め何個入っていましたか。その数だけ○をかきましょう。
- 3段目です。3人で食べた後、ドーナツはいくつ残りましたか。その数だけ○をかきましょう。
- 4段目です。お話の中で、雨が降って喜んでいるとおばあさんが教えてくれたものに○をつけましょう。

2 数　量

- 上のイチゴ畑のイチゴを4個摘むと何個になりますか。その数だけイチゴの横の長四角に○をかきましょう。
- イチゴは10個ありました。でも、イチゴ畑にはこれだけしか見当たりません。いくつか葉っぱの下に隠れているようです。隠れているイチゴの数だけ葉っぱの横の長四角に○をかきましょう。
- 下のロケットに動物が乗ります。絵のように1つの窓に2匹ずつ乗ると、あと何匹乗れますか。その数だけ右下の長四角に○をかきましょう。

3 常 識

・四角の中の絵を見ましょう。この中で水に沈むものに○をつけましょう。

4 常識（仲間分け）

・それぞれの段の４つの絵の中に、仲間ではない絵が１つずつあります。その絵に×をつけましょう。

5 推理・思考（対称図形）

・一番左のように折り紙を２つに折って、黒いところを切って開いたときにどのようになりますか。右の４つの絵の中から探して、それぞれ○をつけましょう。

6 推理・思考（比較）

・一番上の段と２段目です。シーソーの様子を見て、一番重いものには○、一番軽いものには×をつけましょう。印は右の四角の中につけましょう。
・３段目です。お姉さんのリボンは妹のリボンよりも長いのですが、お母さんのリボンよりは短いそうです。お姉さんのリボンに○をつけましょう。
・一番下の段です。お友達のたかこさんのお家は、２番目に高いお家です。たかこさんのお家に○をつけましょう。

7 観察力（欠所補完）

・黒い丸、三角、四角のところに入る絵を、下から選んで○をつけましょう。

8 話の記憶

「『雨がやんで、お花や葉っぱがキラキラしてきれいだね』とお話ししているのは、アジサイの葉っぱに乗っている３匹のカエルさん。『雨がやんでお空に虹の橋ができたからずっと見ていたいね』とお話ししているのはアジサイに乗っている５匹のカタツムリさんです」

・上に８枚の絵がありますね。今のお話に合う絵におはじきを置きましょう。
・カエルさんとカタツムリさんは全部で何匹いますか。その数だけ、傘の横の長四角に○をかきましょう。
・カエルさんとカタツムリさんは何匹違いますか。その数だけ、長靴の横の長四角に○をかきましょう。
・５匹のカタツムリさんが遊んでいると、そこへ３匹やって来ました。カタツムリさんは全部で何匹になりますか。その数だけ、星の横の長四角に○をかきましょう。

9 数　量

おはじきを使用する。

・先生と子どもたちが輪になって踊っていますね。子どもの数だけ、クリの横の長四角に青いおはじきを置きましょう。

・空いている切り株に子どもが立って踊ります。切り株に立てない子どもの数だけ、ブドウの横の長四角に赤いおはじきを置きましょう。

・踊りの後、子どもたちは赤組と白組に分かれて、ゲームをします。何人ずつに分かれると同じになりますか。その数だけ、バナナの横の長四角に緑のおはじきを置きましょう。

・女の子には木になっているリンゴを1人に2個ずつあげたいのですが、足りないようです。足りない数だけ、リンゴの横の長四角に黄色のおはじきを置きましょう。

10 常識（道徳）

・絵の中のいけないことをしている子どもに○をつけましょう。

11 言　語

これから言う言葉に合う絵を1つ選びましょう。

・「しんしん」に合う絵に○をつけましょう。

・「フワフワ」に合う絵に△をつけましょう。

・「グツグツ」に合う絵に□をつけましょう。

・「ヨチヨチ」に合う絵に◎をつけましょう。

・「ゴツゴツ」に合う絵に◇をつけましょう。

12 言　語

・名前の音の数だけ、それぞれ下に丸がかいてあります。上から順番に名前の音を当てはめたとき、「ン」が入る丸を塗りましょう。左の星印のところがお手本です。「トンボ」は2番目に「ン」が入るので、上から2番目の丸を塗ります。では、右も同じようにやりましょう。

13 構　成

・上の三角がお手本です。では、下を見ましょう。左にある形は、お手本の三角をいくつ使うとできますか。その数だけ、それぞれ横の四角に○をかきましょう。

1

2

3

5

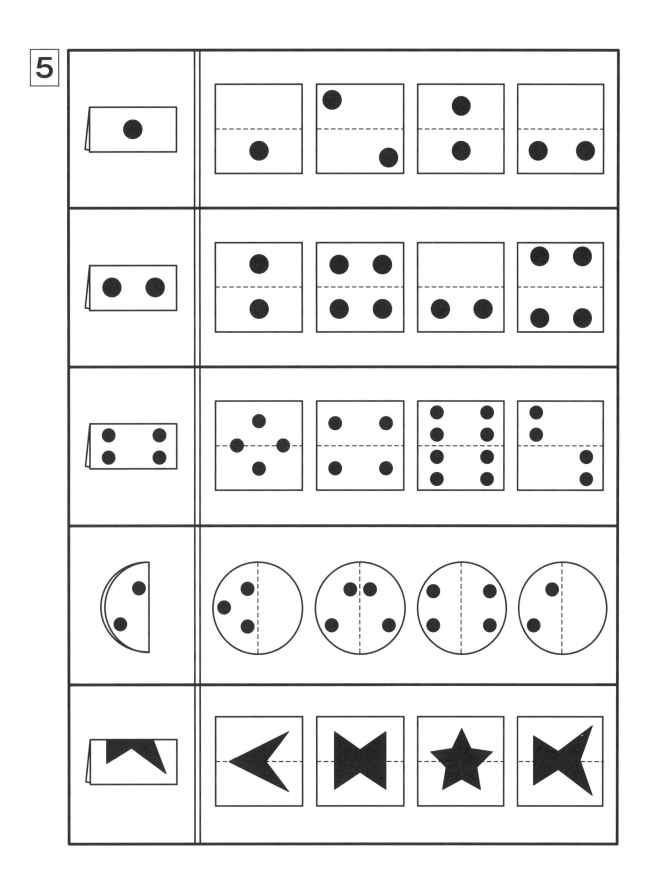

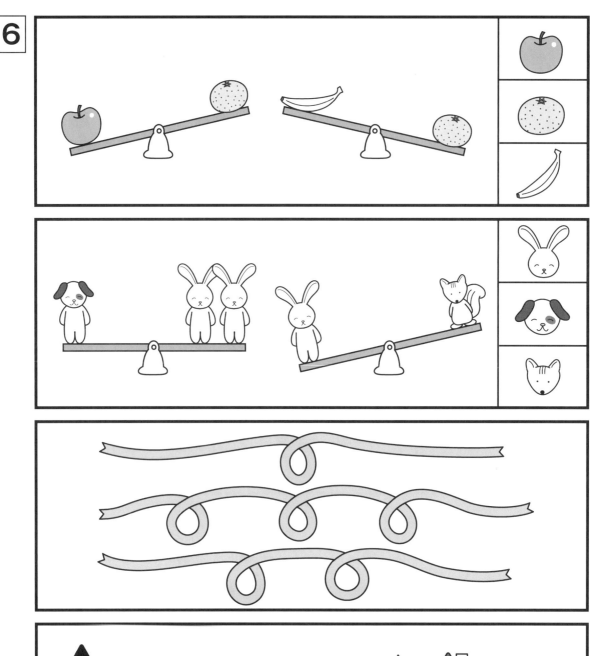

7

9

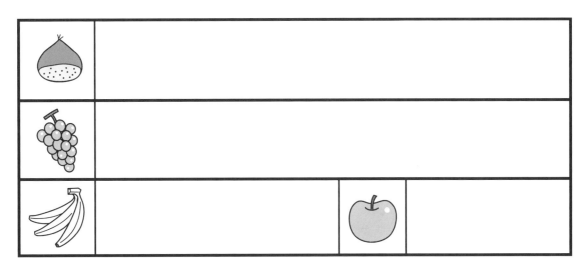

11

12

13

白百合学園小学校 入試問題集

解答例

✱ 解答例の注意

この解答例集では、ペーパーテスト、個別テスト、集団テストの中にある□数字がついた問題、入試シミュレーションの解答例を掲載しています。それ以外の問題の解答はすべて省略していますので、それぞれのご家庭でお考えください。（一部□数字がついた問題の解答例の省略もあります）

入試シミュレーションの
解答例もあります！

© 2006 studio*zucca

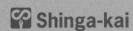

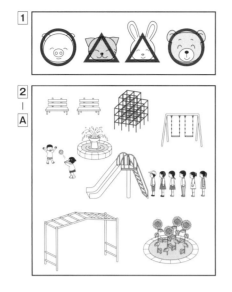

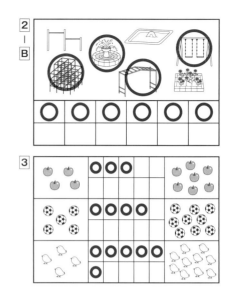

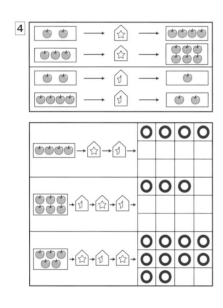

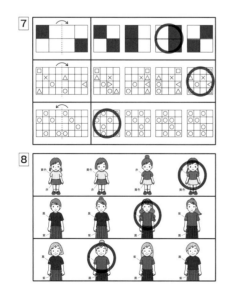

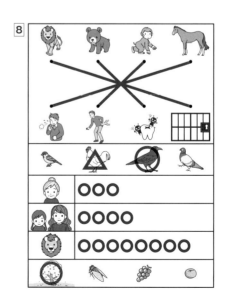

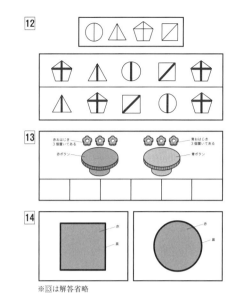

※⑨、⑩、⑪は解答省略

※⑬は解答省略

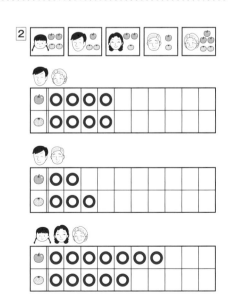

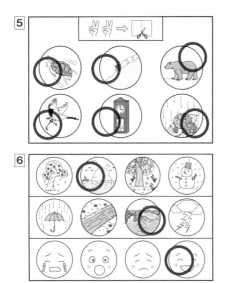

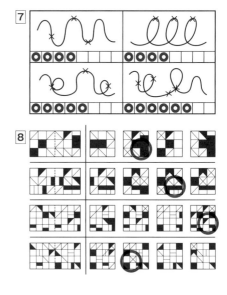

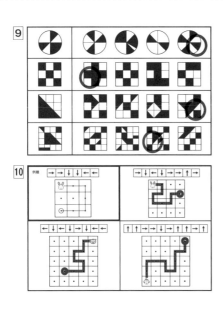

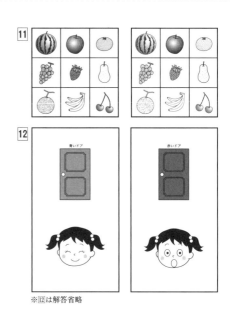

※12は解答省略

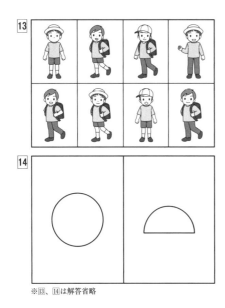

※13、14は解答省略

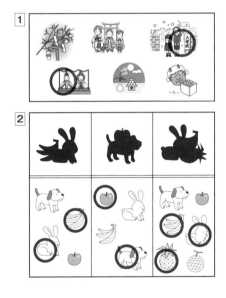

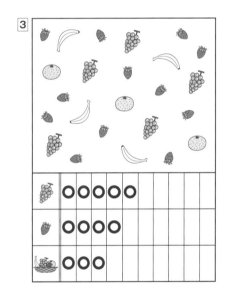

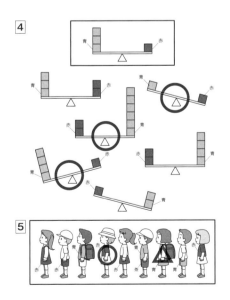

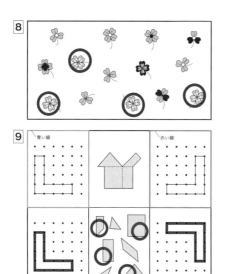

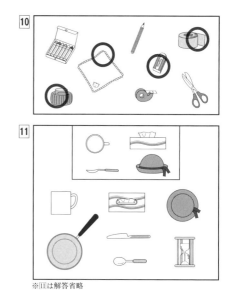

※11は解答省略

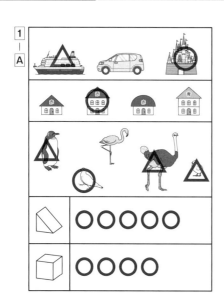

※12は解答省略

2020 解答例

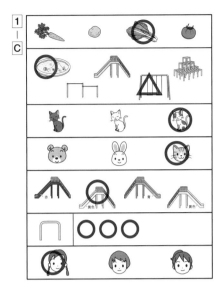

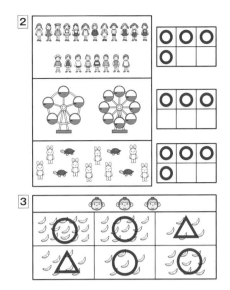

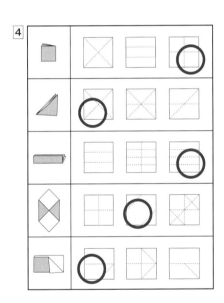

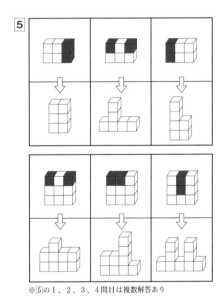

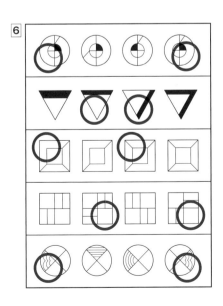

※ 5 の 1、2、3、4問目は複数解答あり

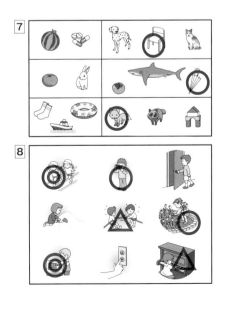

※10は解答省略

※12は解答省略

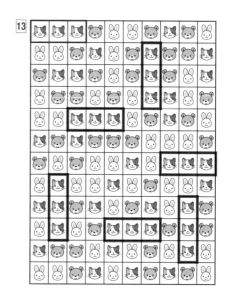

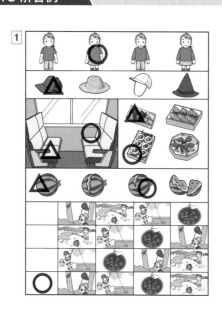

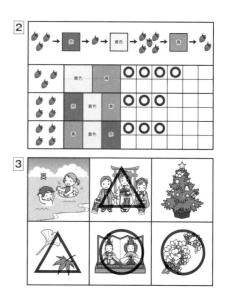

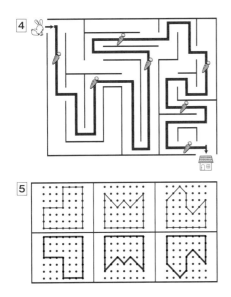

※⑧は解答省略

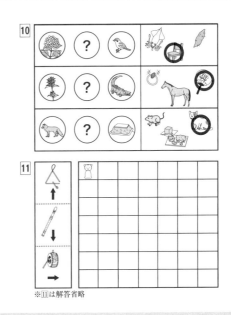

※⑪は解答省略

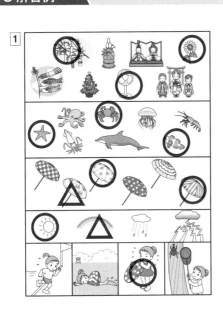

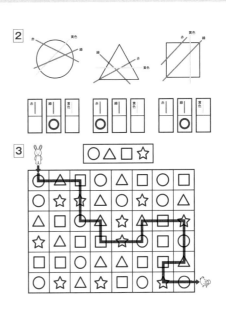

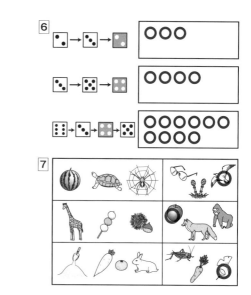

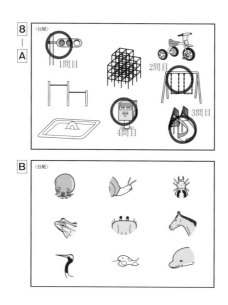

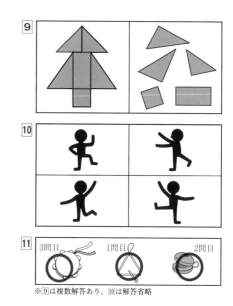

※9は複数解答あり。10は解答省略

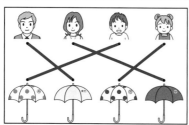

※8－Bの解答を下記に示す。

・1問目はタコ、クモ、カニに
　おはじきを置く。

・2問目はツルにおはじきを置
　く。

・3問目はカタツムリ、ヘビ、
　イルカにおはじきを置く。

・4問目はカニにおはじきを置
　く。

1－A

○○○○○

1－B

2

3

4

5

6

7

8

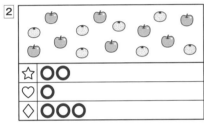

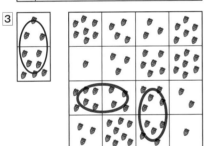

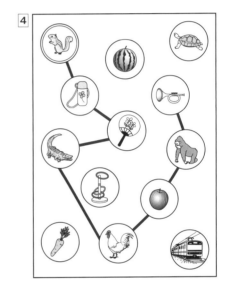

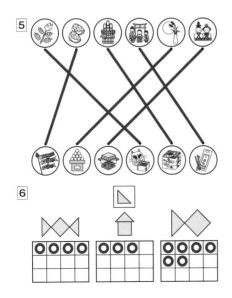

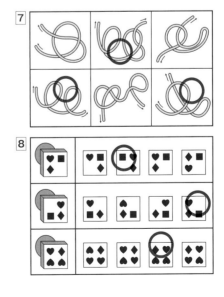

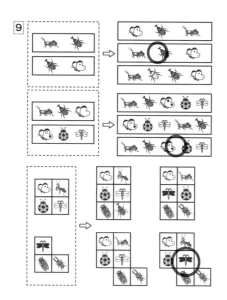

※11 は解答省略

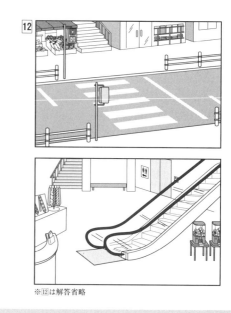

※12 は解答省略

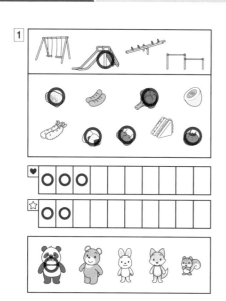

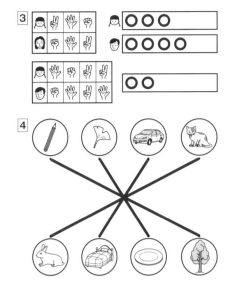

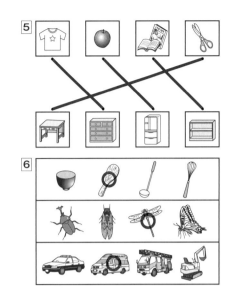

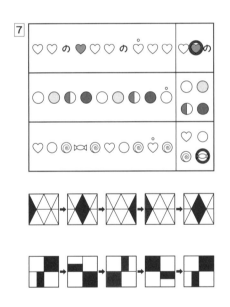

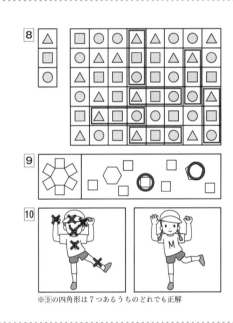

※⑨の四角形は7つあるうちのどれでも正解

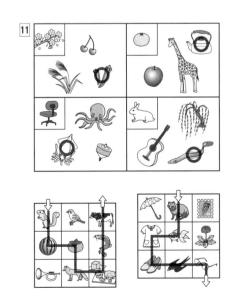

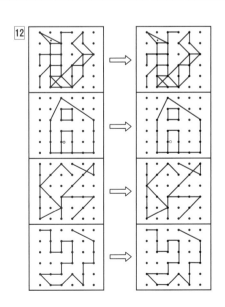

※16は解答省略

※18は解答省略

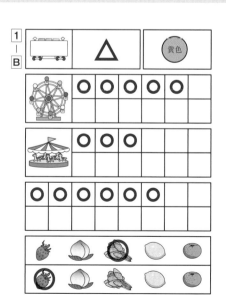